KOCHEN MIT
SOJA-SAUCE

Die Würze für jede Küche

Bibliografische Information Der Deutschen Bibliothek
Die Deutsche Bibliothek verzeichnet diese Publikation in der Deutschen Nationalbibliografie;
detaillierte bibliografische Daten sind im Internet über http://dnb.ddb.de abrufbar.

Bildnachweis:
Kikkoman Trading Europe GmbH, Düsseldorf
ASA, Hamburg 10, 11
Japanische Fremdenverkehrszentrale, Frankfurt 9

Originalausgabe
© 2003 DuMont monte Verlag, Köln

Herausgeber: Kikkoman Trading Europe GmbH
Konzeption: Kikkoman Trading Europe GmbH, Ketchum GmbH
Rezepte: Kikkoman Trading Europe GmbH
Texte: Wolfgang Marquard, Kochende Leidenschaft
Layout und Satz: Roman Bold & Black, Köln
Lithografie: PPP Pre Print Partner, Köln
Druck und buchbinderische Verarbeitung: Appl, Wemding

ISBN 3-8320-8822-9
Printed in Germany

Inhalt

Warenkunde

Sojabohnen, die Basis der Würze

Die Sojabohne (botanisch: *Glycine max.*) ist eine der ältesten Kulturpflanzen der Welt. Im ostasiatischen Raum wird sie nachweislich bereits seit über 4000 Jahren angebaut. Wie die bei uns heimischen Hülsenfrüchte Erbsen, Bohnen und Linsen gehört sie zur Pflanzenfamilie der Schmetterlingsblütler.

Da es sich bei der Sojabohne um eine sehr alte Kulturpflanze handelt, gibt es mittlerweile eine immense Fülle verschiedener Sorten. Durch zielgerichtete Züchtung wurden immer höhere Erträge und eine bessere Anpassung an verschiedene Klimate und Böden erreicht.

Heute zählt man weit mehr als 3000 Sorten der Sojabohne, und ständig erweitern neue Züchtungen die Palette, aus der die Sojafarmer wählen können. Hierzulande kennt der Verbraucher meist nur die getrockneten, gelben Sojabohnen und die grünen Mungobohnen, die in jedem gut sortierten Supermarkt erhältlich sind.

Soja hat sich in den vergangenen Jahren zur wichtigsten Ölpflanze der Welt entwickelt. Ihre vorteilhafte Nährstoffzusammensetzung macht sie zu einer der hochwertigsten Zutaten für eine ausgewogene Ernährung. Nicht zuletzt deshalb finden sich bis heute Sojabestandteile in ca. 30 000 verschiedenen Lebensmitteln.

Viele weitere Gründe sprechen dafür, Soja in den normalen Speiseplan zu integrieren: Die stark eiweißhaltige Bohne ist reich an essentiellen und ungesättigten Fettsäuren. Zudem tut ein wahres Sammelsurium von Vitaminen und Mineralstoffen ein Übriges, die unscheinbare Hülsenfrucht in aller Munde zu bringen.

In Mitteleuropa hat die Bohne aus Asien eine vergleichsweise kurze Geschichte. Seit Mitte des 18. Jahrhunderts wird sie in verschiedenen botanischen Gärten Europas kultiviert. Erst ein Jahrhundert später wurden erste Freisetzungsversuche gestartet, die jedoch fast ohne Ausnahme scheiterten. Das europäische Klima war weitgehend unverträglich für die damaligen Züchtungen. Erst in den 30er-Jahren des letzten Jahrhunderts wurde im Zuge der deutschen Autarkiebestrebungen die „Reichssoja-Züchtung" initiiert. Obwohl 1940 in Deutschland auf knapp 2000 Hektar Ackerland Sojabohnen angebaut wurden, konnte sich die Hülsenfrucht bis heute nicht in der mitteleuropäischen Agrarlandschaft durchsetzen. Nach dem Krieg fand man Sojabohnen noch gelegentlich in einigen Hausgärten, um daraus Kaffeeersatz herzustellen.

Heute sind die Hauptanbauregionen Nordamerika, Südamerika und Australien. Dort werden rund 80 % der Welt-Sojaernte produziert. Die asiatischen Ursprungsländer bauen Sojabohnen fast ausschließlich für den Eigenbedarf an.
Soja und Sojabestandteile sind aufgrund ihrer Vielseitigkeit unentbehrlich für die moderne Lebensmittelproduktion: für Soja-Sauce und andere Sojaprodukte, als Grundstoff für Nahrungsergänzungsmittel, als Tiernahrung und für verschiedenste industrielle Anwendungen. Eine Pflanze also, die in der Tat universell einsetzbar ist.

Geschichte, Sagen und Tradition

HINTERGRÜNDE ZUR ERFINDUNG DER WÜRZSAUCE

Sicher ist, dass Soja-Sauce schon seit vielen Jahrhunderten essentieller Bestandteil der verschiedenen asiatischen Küchen ist. Wer die braune Würzsauce erfand, liegt jedoch im Dunkel der Geschichte. Einer Sage nach bemerkte ein Mönch bei der Zubereitung der traditionellen japanischen Würzpaste *Miso* den pikanten Geschmack einer beim Herstellungsprozess austretenden dunklen Flüssigkeit. Dieser dunkelbraune und dickflüssige Saft, der heute noch unter dem Namen *Tamari* produziert und verkauft wird, gilt als die Urform der modernen Soja-Sauce. Die Vorgänger des aktuellen *Miso* lassen sich bis ungefähr 500 v. Chr. zurückverfolgen. Damals wurde in China eine mit Milchsäurebakterien fermentierte Paste aus Sojabohnen erzeugt, die *Chiang* genannt wurde. Aufgrund dieser Tatsachen wird die „Geburtsstunde" der Soja-Sauce auf ca. 2500 Jahre vor unserer Zeit datiert.

Die Verbreitung und die Weiterentwicklung von Soja-Sauce ist eng mit der Geschichte des Buddhismus verknüpft. Im 6. Jahrhundert fand der Buddhismus und mit ihm auch die vegetarische Lebensweise immer stärkeren Anklang, sowohl in Japan als auch in China.
Die fleischlose Ernährung machte die Menschen hinsichtlich des Würzens ihrer Speisen erfinderisch. Immer öfter wurde auf *Miso* und *Tamari* zurückgegriffen, um dem oft eintönig schmeckenden vegetarischen Speiseplan etwas mehr Pfiff zu verleihen. Auf den Zeitraum vom 8. bis zum 18. Jahrhundert wird die Entwicklung der vielen verschiedenen „modernen" Soja-Saucen festgesetzt. Buddhistischen Mönchen aus Japan spricht man die Erfindung eines speziellen Herstellungsverfahrens zu, das durch den Zusatz von geröstetem Getreide zur Sojabohnenmaische eine erhebliche Geschmacksverbesserung erzielte. Die Beimengung von Getreide machte die Sauce etwas milder und dünnflüssiger. Seit dem 18. Jahrhundert wird bei der Produktion von *Shoyu* (jap. Soja-Sauce) gerösteter, geschroteter Weizen verwendet. Diese Ausprägung der Soja-Sauce ist auch diejenige, die von holländischen Händlern erstmals im 17. Jahrhundert nach Europa gebracht wurde.

EIN WORT FÜR 1000 SAUCEN – HERSTELLUNG UND VIELFALT DER SOJA-SAUCE

Die Herstellung einer traditionellen Soja-Sauce weist einige Parallelen zum Bierbrauen und zur Weinbereitung unserer Breiten auf. Mikroorganismen sind die eigentlichen „Zauberkünstler", welche Sojabohnen und Getreide in eine Würzsauce verwandeln, die aus der traditionellen und modernen Küche nicht mehr wegzudenken ist.

In den Ländern Südostasiens werden die unterschiedlichsten Arten von Soja-Saucen erzeugt. Je nach Kulturkreis, Klima und den überlieferten Rezepten sind die Ausprägungen der Saucen sehr unterschiedlich. Wie es hierzulande die mannigfachsten Arten von Bier und Wein gibt, unterscheiden sich dort die Soja-Saucen.

Allein in Japan gibt es fast 2000 Familienbetriebe und Firmen, die sich auf die Herstellung von Soja-Sauce spezialisiert haben. Dementsprechend gibt es auch eine schier unglaubliche Auswahl von un-

terschiedlichsten Soja-Saucen. Gemeinsam haben sie, sofern sie nach der traditionellen Braumethode hergestellt werden, dass sich die Braumeister an das „Reinheitsgebot" für Soja-Sauce halten. Sie verwenden für den Ansatz der Sauce nur Soja, Getreide, Wasser, Salz und ihre jeweiligen Starterkulturen (Pilze, Hefen, Bakterien).

Die geschmacklichen Unterschiede der Saucen haben dabei vielerlei Gründe, von denen im Rahmen dieses Buches nur einige wenige genannt werden können.

Wie bei der Weinbereitung liegt der Unterschied im Detail. Die Verwendung von bestimmten Sojasorten kann ebenso wie das Mischungsverhältnis oder die Art des Getreides einen sensorisch wahrnehmbaren Unterschied ausmachen. Auch unterschiedliche *Koji*-Kulturen (Mikroorganismen für die Fermentation) und Hefen tragen sicher einen Teil zur geschmacklichen Differenzierung bei. Nicht zuletzt sollten die verschiedenen Lager- und Gärzeiten erwähnt werden, die ihren Niederschlag im Geschmack des Endproduktes finden.

Angesichts dieser Komplexität werden hier nur die Grundlagen der *Shoyu*-Bereitung beschrieben. Der Wortschatz dieser kurzen Einführung bezieht sich dabei zu einem großen Teil auf die japanische Art, eine traditionelle Soja-Sauce zu erzeugen. In anderen klassischen Ländern der Soja-Saucen-Produktion wie z. B. China, Vietnam, Korea oder Indonesien ist zwar die Terminologie eine andere, die Verfahren für die Zubereitung der Sauce sind jedoch ähnlich.

Das Brauverfahren

KOJI, DER BEGINN EINER METAMORPHOSE
Sojabohnen, die über Nacht eingeweicht und anschließend gar gedünstet werden, sind die Basis der Soja-Sauce. Der so entstandene Sojabrei wird mit geröstetem Getreideschrot, meist Weizen, vermischt. Durch den Verschnitt mit Getreide wirken solche Saucen insgesamt etwas milder als z. B. *Tamari*-Sauce, die nur aus Sojabohnen gebraut wird. Nicht zuletzt haben die Röstaromen des Getreides auch eine positive Wirkung auf den geschmacklichen Gesamteindruck des Endproduktes. Die Mischung aus Getreide und Sojabrei wird nach dem Abkühlen auf ca. 30 °C mit einer oder mehreren Schimmelpilzkulturen geimpft.
Die so entstandene Basis der Soja-Sauce heißt nun *Koji*. Bei gleich bleibender Luftfeuchte und Temperatur (ca. 80–100 %, 30 °C) wird die Masse in so genannten *Muro* (Inkubationskammern) gelagert. Drei Tage lang wird diese Mischung durch ständiges Rühren gut durchlüftet, um den Schimmelpilzen optimale Wachstumsbedingungen zu schaffen. Zudem sollen durch die Luftzufuhr auch unerwünschte anaerobe Gärprozesse vermieden werden.
Die verwendeten Pilzkulturen produzieren während ihres Wachstums Enzyme, die später das Sojaprotein in einzelne Aminosäuren aufspalten. Die Stärke des Getreides wird dabei bis zur Glukose abgebaut. Kurzum, die Bestandteile der *Koji*-Masse werden durch die Mikroorganismen in leicht abbaubare Aminosäuren und vergärbaren Zucker zerlegt.

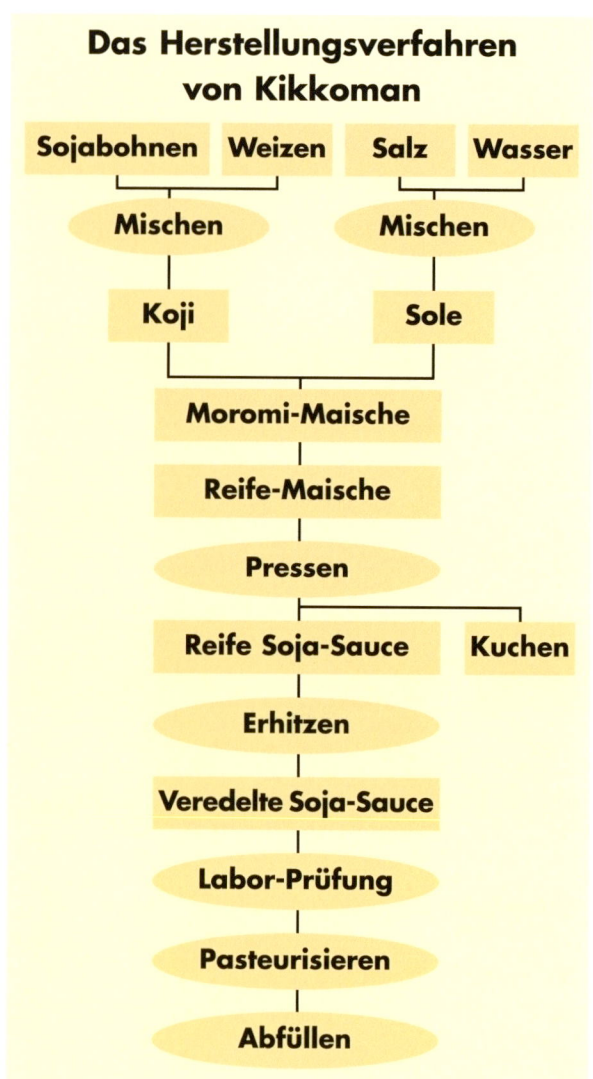

Das Herstellungsverfahren von Kikkoman

Sojabohnen — Weizen — Salz — Wasser
→ Mischen — Mischen
→ Koji — Sole
→ Moromi-Maische
→ Reife-Maische
→ Pressen
→ Reife Soja-Sauce — Kuchen
→ Erhitzen
→ Veredelte Soja-Sauce
→ Labor-Prüfung
→ Pasteurisieren
→ Abfüllen

MOROMI, DIE SAUCEN-MAISCHE

Die reife *Koji*-Masse, die von Pilzkulturen aufbereitete Soja-Getreide-Mischung, wird nun für die eigentliche Gärung mit Wasser und Salz vermischt. Je nach Erzeuger und der Art der Soja-Sauce kann der Salzgehalt dieser Maische, die jetzt *Moromi* genannt wird, etwas über 20 % betragen. Der Zusatz dieser relativ hohen Salzmenge stellt sicher, dass in der Maische keine unerwünschten Mikroorganismen gedeihen. Ähnlich wie beim Wein kann auch hier die Maische durch falsche Hefen und Bakterien schnell ungenießbar werden.

Das so entstandene Braugemisch wird in Gärbehälter gefüllt und mit speziellen, salzverträglichen Hefen und Milchsäurebakterien geimpft. In der traditionellen Bereitung von Soja-Sauce benutzte man große, offene Holzfässer, in denen die Maische meist spontan zu gären begann. Heutzutage werden aus hygienischen Gründen Gärbehälter aus Edelstahl verwendet.

Der eigentliche Gärprozess dauert bei natürlich gebrauter Soja-Sauce mindestens sechs Monate und ist dabei den Temperaturen des jahreszeitlichen Wandels ausgesetzt. Bei speziellen, äußerst hochwertigen Saucen kann die Gär- und Lagerzeit im Fass bis zu fünf Jahren betragen.

Die moderne *Shoyu*-Produktion arbeitet mittlerweile auch mit Temperatursteuerung (Kühlung und Erwärmung) der Gärbehälter, um für die Mikroorganismen immer gleiche Arbeits- und Wachstumsbedingungen sicherzustellen.

Hier erkennt man wieder Parallelen zur modernen Weinbereitung. Sowohl bei *Shoyu* als auch beim Wein haben zeitgemäße Methoden der Qualitätsoptimierung in die Produktion eines traditionellen Lebensmittels Einzug gehalten.

Bei der Gärung, die durch Belüftung des *Moromi* unter aeroben Bedingungen stattfindet, entsteht das unverwechselbare Arrangement an Aromen, das so in keinem anderen Lebensmittel zu finden ist. Bei chemischen Analysen wurden ca. 300 Aroma- und Geschmacksstoffe festgestellt. All diese Komponenten entstehen durch den Abbau

Natürlich gebraute Soja-Sauce

• Leichte Konsistenz, angenehme, rehbraune Farbe

• Ohne Farbstoffe

• Ohne Geschmacksverstärker

• Ohne Konservierungsstoffe

• Natürlich gebraut und mehrere Monate gereift

• Aromatischer und feinwürziger Geschmack, der den Eigengeschmack der Gerichte unterstützt

Chemisch hergestellte Soja-Sauce

• Meist dickflüssige Konsistenz und dunkle Farbe

• Mit Farbstoff / Zuckercouleur

• Mit Geschmacksverstärker

• Zum Teil mit Konservierungsstoffen

• In kürzester Zeit künstlich hergestellt

• Intensiver künstlicher Geruch und Geschmack

des Sojaproteins zu einzelnen Aminosäuren und der Glukose des Getreides. Eine Vielzahl von Stoffwechselprodukten der Mikroorganismen und deren Enzyme reichert die Sauce zu einer wohlschmeckenden und bekömmlichen Würzessenz an.

KELTERUNG UND ABFÜLLUNG

Anschließend an die Gärung und Reifung in den jeweiligen Behältern wird die Sauce durch Tücher gefiltert und gepresst. Die anfallenden Pressrückstände werden oft als Viehfutter weiterverwendet. Nach einer kurzen Ruhephase setzen sich feinste Schwebstoffe ab, und noch nicht abgebautes Sojaöl kann von der Oberfläche der Flüssigkeit abgezogen werden.

In dieser rohen Soja-Sauce sind immer noch bioaktive Mikroorganismen enthalten, die eventuell weitergären könnten. Um die Flüssigkeit haltbar zu machen, wird sie pasteurisiert (erhitzt) und anschließend sofort abgefüllt.

CHEMISCH ERZEUGTE SOJA-SAUCE – EINE ALTERNATIVE?

Um der gestiegenen Nachfrage nach Soja-Sauce gerecht zu werden, werden viele so genannte Soja-Saucen zu Billigpreisen auf den Markt geworfen, die mit traditionellen *Tamari* und *Shoyu* nur noch sehr wenig zu tun haben. Neben der traditionellen Herstellung hat sich daher in den vergangenen Jahrzehnten auch eine industriell-chemische Methode entwickelt, "Soja-Sauce" zu produzieren.

Mit der althergebrachten, natürlich gebrauten Würzsauce hat diese nur mehr den Namen gemeinsam.

Der Rohstoff für dieses Produkt ist zumeist entfettetes Sojamehl, ein Restprodukt aus der Sojaölgewinnung. Mittels eines chemischen Prozesses, der Säurehydrolyse, werden mit Salzsäure die Proteine, Öle und Kohlenhydrate des Mehls aufgespalten. Durch Zugabe von Natriumhydrooxid wird die Salzsäurereaktion gestoppt. Erst nachdem die Flüssigkeit neutralisiert ist, kann mit Milchsäurebakterien und Hefen der Fermentationsprozess eingeleitet werden.

Mit Maissirup, Zucker, Aromen, Konservierungs- und Farbstoffen, manchmal auch durch den Verschnitt mit natürlich gebrauter, hochwertiger Sauce bekommt die Mixtur dann die Anmutung einer richtigen Soja-Sauce.

Selbst in den Ursprungsländern der Soja-Sauce liegt der Verbrauch der chemisch erzeugten Würzsauce bei ca. 90 %, da diese aufgrund des geringeren Zeit- und Arbeitsaufwandes bei der Herstellung weitaus billiger zu erzeugen ist.

Achten Sie beim Kauf einer Soja-Sauce unbedingt immer auf die Etiketten-Aufschrift: Zum einen sollte da "natürlich gebraute Soja-Sauce" stehen, zum anderen gehören laut "Reinheitsgebot" nur Soja, Getreide, Salz und Wasser als Zutaten in eine traditionelle Soja-Sauce. Mehr sollte also auf der Zutatenliste der Sauce nicht zu finden sein.

Das Erfolgsgeheimnis der Universalwürze

In der westlichen Welt kennt man gemeinhin fünf verschiedene Geschmacksmerkmale, von denen die vier grundlegenden jedem bekannt sind: süß, sauer, salzig und bitter. Seit einiger Zeit wird aber immer öfter von einem fünften Geschmack gesprochen, der im Deutschen allgemein als „Vollmundigkeit" bezeichnet wird.

Japaner haben ein eigenes Wort für diese Geschmacksrichtung und nennen sie „Umami". Gemeint ist dabei ein nicht näher zu definierender, runder und angenehmer Eigengeschmack einer Speise. Wissenschaftliche Analysen sagen aus, dass sich diese Geschmackswahrnehmung auf eine Aminosäure gründet, die von der menschlichen Zunge wahrgenommen werden kann. Zu finden ist diese natürliche Aminosäure in unzähligen reifen Früchten, in Tomaten, in verschiedenen Käsesorten und vielen anderen Lebensmitteln.

Auch natürlich gebraute Soja-Sauce ist reich an *Umami*. Beim natürlichen Brauvorgang wird durch spezielle Mikroorganismen dieser Wohlgeschmack erzeugt. Diese einzigartige Eigenschaft ist ein Teil des jahrhundertealten Erfolgsgeheimnisses der asiatischen Universal-Würzsauce.

Sie besticht aber nicht nur durch das ausgeprägte Eigenaroma, sondern hebt auch den individuellen Eigengeschmack einer jeden Speise, mit der sie genossen wird. Schon einige Tropfen *Shoyu* genügen, um einem beliebigen Gericht das gewisse Etwas zu verleihen.

FÜNF GOLDENE WÜRZREGELN

Eines der grundsätzlichen Anliegen jeder Küche ist es, aus den vorhandenen Lebensmitteln das Optimum an Geschmack herauszuholen. Das gilt erst recht, wenn diese von Natur aus wenig Eigengeschmack mitbringen. Mit Soja-Sauce lässt sich fast jede Speise mühelos aufpeppen, wenn dabei einige einfache Faustregeln beachtet werden:

1. Soja-Saucen eignen sich keinesfalls nur zum Würzen von asiatischen Gerichten. Durch die Zugabe von natürlich gebrauter Soja-Sauce bekommt jede Speise mehr Fülle und wird vollmundiger. Man verwendet Soja-Sauce für Suppen, Gemüse, helles Fleisch, Fisch und Meeresfrüchte genauso wie für dunkles Fleisch, Wild, Gebratenes, Grill- und Schmorgerichte.

2. Saucen, Dressings, Salate und kalte Speisen sollten erst kurz vor dem Servieren mit Soja-Sauce gewürzt werden.

3. Bei vielen Gerichten kann auf die Verwendung von Salz komplett verzichtet werden. Soja-Sauce ist ein perfekter Salzersatz, da beim natürlichen Brauverfahren immer Salz (15–20 %) in die Maische zugegeben wird. Achten Sie also auf einen sparsamen Umgang mit Salz, wenn Sie Soja-Sauce verwenden.

4. Soja-Sauce ist ideal zum Marinieren von Fleisch und Fisch; sie verleiht dem Grillgut einen besonderen Geschmack und appetitlichen Glanz.

Die Brücke zum Kikkoman-Stammhaus in Noda.
In dem 1939 errichteten Werk werden die traditionellen Brautechniken bewahrt und gepflegt.

5. Die Saucenaromen sind leicht flüchtig. Bei heißen Speisen gibt man daher die Soja-Sauce immer gegen Ende der Garzeit zur jeweiligen Speise, um einen optimalen Geschmack zu erzielen. Eine Ausnahme bilden hier nur Schmor- und Grillgerichte, bei denen die Soja-Sauce schon eher zugegeben werden kann.
Aufgrund der flüchtigen Aromen sollte eine angebrochene Saucenflasche immer im Kühlschrank aufbewahrt werden.

In vielen Restaurants gibt es heute Salz und Pfeffer zum individuellen Nachwürzen der Gerichte. In Asien findet man für diesen Zweck immer verschiedene Soja-Saucen auf dem Tisch. Sie sind eine hervorragende und schnelle Alternative, die auch hierzulande immer mehr Freunde findet.

Kikkoman – Ein Synonym für Soja-Sauce

Kikkoman Soja-Sauce ist in der Welt die wohl bekannteste Marke und steht für Spitzenqualität im Marktsegment der natürlich gebrauten Soja-Saucen.

Bereits zu Beginn des 17. Jahrhunderts begannen die Familien Mogi und Takanashi in der Stadt Noda (Provinz Chiba, Japan) mit dem Brauen von Soja-Sauce.

Über die Jahre erlangte Kikkoman Soja-Sauce aufgrund ihrer kompromisslosen Qualität und des harmonisch ausgewogenen Geschmacks nicht nur japanweit einen hervorragenden Ruf. Das japanische Kaiserhaus wird noch heute von Kikkoman mit Soja-Sauce versorgt.

Heute steht das Unternehmen mehr denn je für erstklassige, natürlich gebraute Soja-Sauce. Zwar wird gegenwärtig immer noch in Noda produziert, aber um der gestiegenen internationalen Nachfrage gerecht zu werden, wird seit geraumer Zeit sowohl in den USA als auch in Asien und Europa nach altem japanischen Originalrezept produziert.

VERSCHIEDENE KIKKOMAN SOJA-SAUCEN

Soja-Sauce ist das bekannteste und am vielseitigsten verwendbare flüssige Gewürz der japanischen Küche. Ganz allgemein wird Soja-Sauce zum Marinieren und Beizen oder als Grundlage für Saucen, Dips und Dressings eingesetzt. Zum Würzen von Fleisch, Geflügel und Fisch, Gemüse und Pasta ist Soja-Sauce auch in der internationalen Küche kaum mehr wegzudenken.

KIKKOMAN SOJA-SAUCE

Kikkoman Soja-Sauce wird nach der traditionellen, japanischen Methode natürlich gebraut. Konservierungs- und Farbstoffe sowie Geschmacksverstärker werden nicht verwendet. Während des Gärungsprozesses erhält die Soja-Sauce ihre tiefe, rehbraune Farbe, ihre Transparenz, den reichen, vollen Geschmack und das würzige Aroma.

Kikkoman Soja-Sauce liegt geschmacklich zwischen den sehr würzigen, dunklen Saucen, die fast ausschließlich aus Sojabohnen gebraut werden (Tamari), und den geschmacklich eher milden, hellen Soja-Saucen (Usukuchi-Shoyu) mit einem etwas höheren Salzgehalt. Kikkoman Soja-Sauce passt somit zu jeder Rezeptur, egal ob als Zutat eine helle oder dunkle Soja-Sauce genannt ist. Die Aromenvielfalt, die während des Brauverfahrens entsteht, rundet jedes Gericht optimal ab.

KIKKOMAN SOJA-SAUCE SÜSS

Für diese Würzsauce wird natürlich gebraute Soja-Sauce als Basis verwendet, die mit Zucker gesüßt und von einem Hauch Branntweinessig abgerundet wird. Diese Soja-Sauce ersetzt die obligatorische Prise Zucker bei pikanten Gerichten und ist ausgezeichnet zum Würzen von Schmorgerichten, Bratensaucen, Dips und geschmacksintensiven exotischen Speisen geeignet. Durch den Zuckeranteil erhält Gebratenes und Gemüse zudem einen knusprigen, attraktiven Glanz. Konservierungs- und Farbstoffe sowie Geschmacksverstärker werden nicht verwendet.

KIKKOMAN TERIYAKI

Teriyaki ist eine typisch japanische Zubereitungsart, bei der Fleisch oder Fisch mariniert und
gegrillt werden. Mit der Auswanderung vieler
Japaner nach Hawaii fand Teriyaki auch in der
Küche der Südsee eine weitere Heimat. Aufgrund
der großen Beliebtheit entwickelte Kikkoman in den
USA eine spezielle Teriyaki-Sauce.

Der Begriff „Teriyaki" besteht aus zwei Worten:
„Teri" bedeutet Glanz und „Yaki" so viel wie
Grillen. Wie der Name bereits erklärt, verleiht
die spezielle Zusammensetzung von Kikkoman
Teriyaki dem jeweiligen Grill- oder Schmorgut
neben angenehmer Würze einen appetitlichen
Glanz.

Die Basis dieser Marinade ist natürlich gebraute
Soja-Sauce, die, wie schon erwähnt, aus Sojabohnen, Weizen, Wasser und Salz hergestellt
wird. Nach dem Ende der Fermentation werden
Wein, Zucker und verschiedene Gewürze hinzu-
gefügt. Konservierungs- und Farbstoffe sowie
Geschmacksverstärker werden nicht verwendet.
Die würzig-pikante Fertigmarinade eignet sich
für viele Gerichte mit Fisch, Fleisch, Geflügel
oder Gemüse und ist ideal für Kurzgebratenes
und Gegrilltes. Ein besonders schöner Glanz
entsteht, wenn während des Bratens oder
Grillens Kikkoman Teriyaki zum Bestreichen verwendet wird.

Vorspeisen & Salate

Salatteller mit Teriyaki-Dressing

ZUBEREITUNGSZEIT
ca. 30 Minuten

MARINIERZEIT
1 Stunde

PRO PORTION
2204 kJ, 526 kcal, 41 g Eiweiß,
30 g Fett, 21 g Kohlenhydrate

FÜR 4 PERSONEN

einige Salatblätter
1 gelbe und rote Paprikaschote
4 Tomaten
1 Salatgurke
2 Frühlingszwiebeln
4 Hähnchenbrustfilets (je 150 g)
5 EL Kikkoman Teriyaki
7 EL Pflanzenöl
4 Scheiben Mehrkornbrot
Salz
Pfeffer
1 Knoblauchzehe
3 EL Kikkoman Soja-Sauce
2 EL Aceto balsamico
2 EL Sesamöl
3 EL Sonnenblumenöl
1 TL Zucker
100 ml Orangensaft
2 EL gerösteter Sesam

ZUBEREITUNG

1 Salatblätter putzen und waschen. Paprika, Tomaten, Gurke und Frühlingszwiebeln putzen und waschen.

2 Paprika vierteln, entkernen und in kleine Würfel schneiden. Tomaten und Gurke würfeln, Frühlingszwiebeln in Ringe schneiden.

3 Hähnchenbrustfilets waschen, trockentupfen und in Streifen schneiden. Filetstreifen in eine Schale geben und mit Teriyaki übergießen. Ca. 1 Stunde marinieren lassen.

4 3 EL Öl in einer Pfanne erhitzen, Hähnchenbruststreifen unter Rühren von allen Seiten knusprig anbraten. Danach herausnehmen und in einem Sieb abtropfen.

5 Brot in Würfel schneiden und mit Salz und Pfeffer bestreuen. 4 EL Öl in die Pfanne geben, die Brotwürfel darin unter Rühren knusprig anbraten und zur Seite stellen.

6 Für das Dressing Knoblauch abziehen, zerdrücken und mit allen übrigen Zutaten verrühren. Dressing pikant abschmecken, über das vorbereitete Gemüse gießen und durchziehen lassen.

7 Vier Teller mit Salatblättern auslegen, Salat darauf anrichten und jeweils mit einer Portion Brotwürfel und Filetstreifen bestreuen. Nach Wunsch mit Kräutern garniert servieren.

Bunte Teriyaki-Gemüsespieße

ZUBEREITUNGSZEIT
ca. 35 Minuten

MARINIERZEIT
1 Stunde

FÜR 4 PERSONEN

250 g Brokkoli
Salz
4 rote Zwiebeln
2 große Möhren
16 kleine Champignons
250 g Tofu
5 EL trockener Sherry
10 EL Kikkoman Teriyaki
1 TL Ingwerpulver
1 TL 5-Gewürz-Pulver
3 EL Honig
Petersilie für die Garnitur

PRO PORTION
688 kJ, 164 kcal, 13 g Eiweiß,
5 g Fett, 13 g Kohlenhydrate

ZUBEREITUNG

1 Brokkoli in Röschen teilen und in kochendem Salzwasser kurz blanchieren. Zwiebeln abziehen und vierteln, Möhren waschen, schälen und in Stifte schneiden, Champignons putzen und Tofu in Würfel schneiden.
2 Alle Zutaten bunt gemischt auf acht Holzspieße stecken. Sherry, Kikkoman Teriyaki, Ingwer, 5-Gewürz-Pulver und Honig gut verrühren.
3 Die Spieße in eine Schale geben, mit Marinade übergießen, ca. 1 Stunde ziehen lassen. Bunte Gemüsespieße auf dem Grill ca. 10 Minuten garen.
4 Die Spieße auf Tellern anrichten und nach Wunsch mit Petersilie garniert servieren.

Pikanter Chinakohlsalat mit Sojadressing

FÜR 4 PERSONEN

1 Kopf Chinakohl (ca. 1 kg)
1 EL Salz
1 EL + 1 TL Zucker
2 Knoblauchzehen
2 Frühlingszwiebeln
100 ml Kikkoman Soja-Sauce
125 ml Weißweinessig
fein geriebener Ingwer (nach Belieben)
1 TL scharfe Chilipaste
2 rote Chilischoten für die Garnitur

PRO PORTION

673 kJ, 162 kcal, 9 g Eiweiß,
2 g Fett, 24 g Kohlenhydrate

ZUBEREITUNGSZEIT

ca. 45 Minuten

MARINIERZEIT

ca. 24 Stunden

TIPP

Statt Soja-Sauce und Zucker kann man auch Soja-Sauce Süß oder Teriyaki verwenden.

ZUBEREITUNG

1 Die einzelnen Blätter des Chinakohls lösen, waschen und in nicht zu feine Streifen schneiden.

2 Die Kohlstreifen mit Salz und 1 TL Zucker gut vermischen und ca. 3–4 Stunden durchziehen lassen. Nach dieser Zeit hat der Chinakohl genügend Flüssigkeit gezogen.

3 Knoblauch schälen und zerdrücken, die Frühlingszwiebeln waschen, fein schneiden und mit den restlichen Zutaten vermischen.

4 Den Kohl gut ausdrücken und unter die Marinade mischen. Nach 24 Stunden ist der Kohl durchmariniert und ein aromatisches Feuerwerk. Nach Belieben mit entkernten und in feine Ringe geschnittenen Chilischoten garnieren.

Glasnudelsalat

FÜR 4 PERSONEN

150 g Glasnudeln, 1 Knoblauchzehe, 200 g Brokkoli, 200 g Egerlinge, 5 EL Öl, 50 g Erdnüsse, 1 Msp. Chilipulver, 2 EL Soja-Sauce, 1 EL Reisessig, 50 ml Gemüsebrühe, 1 Bund Frühlingszwiebeln

PRO PORTION

1395 kJ, 335 kcal, 9 g Eiweiß, 26 g Fett, 17 g Kohlenhydrate

ZUBEREITUNG

1 Glasnudeln ca. 10 Minuten in heißes Wasser geben, danach abseihen und in ca. 10 cm lange Stücke schneiden.

2 Knoblauch fein hacken, Brokkoli in kleine Röschen schneiden, Egerlinge in Scheiben schneiden.

3 Knoblauch in 3 EL Öl dünsten, Brokkoli darin bei schwacher Hitze 5 Minuten braten. Egerlinge hinzufügen und kurz schwenken.

4 Erdnüsse in einer Pfanne 3 Minuten rösten, mit Chilipulver würzen.

5 In einer Salatschüssel Kikkoman Soja-Sauce mit 2 EL Öl, Reisessig und Gemüsebrühe gut verrühren. Gemüse und Glasnudeln mit der Salatsauce vermischen.

6 Frühlingszwiebeln in dünne Ringe schneiden und unterziehen, danach mit Erdnüssen bestreuen.

Hühnerbrustsalat

FÜR 4 PERSONEN

400 g Hühnerbrustfilet
Salz
3 EL Erdnussbutter
3 EL Pflanzenöl
2 EL Limettensaft
2 EL Kikkoman Soja-Sauce Süß
1 kleine rote Chilischote
½ Gurke, 2 Tomaten
1 Bund Frühlingszwiebeln

PRO PORTION

1660 kJ, 395 kcal, 31 g Eiweiß, 27 g Fett, 9 g Kohlenhydrate

ZUBEREITUNG

1 Fleisch in einem halben Liter kochendem Salzwasser (ca. 1 TL Salz) 15 Minuten kochen, dann abseihen, die Brühe auffangen.

2 Hühnerbrustfilet der Breite nach halbieren, danach der Länge nach in ca. ½ cm dicke Streifen schneiden. Mit etwas Brühe anfeuchten und zugedeckt aufbewahren. Erdnussbutter mit ca. 100 ml Hühnerbrühe cremig rühren.

3 Das Öl mit Limettensaft, Soja-Sauce Süß und 5 EL Hühnerbrühe verrühren. Die Chilischote sehr fein hacken, dazugeben und 10 Minuten ziehen lassen.

4 Die Gurke und die Tomaten in kleine Würfel, die Frühlingszwiebeln in feine Ringe schneiden. Gurke, Tomaten und Frühlingszwiebeln danach mit der Sauce vermischen.

5 Den Salat auf Tellern anrichten. Hühnerbruststreifen in die Mitte der Teller geben und mit Erdnusscreme bedecken.

Entenbrustsalat

ZUBEREITUNGSZEIT
ca. 40 Minuten

FÜR 4 PERSONEN

50 g Mu-Err-Pilze (chinesische Morcheln, alternativ: Egerlinge)
150 g frische Bambussprossen (alternativ: Kaiserschoten)
2 Entenbrustfilets
Salz
Pfeffer
2 TL Ingwer
Zucker
Saft von 3 Orangen (alternativ: 200 ml Orangensaft)
2 EL Kikkoman Soja-Sauce

ZUBEREITUNG

1 Mu-Err-Pilze im Wasser 10 Minuten kochen, danach unter fließendem Wasser gründlich waschen und abtropfen lassen.
2 Bambussprossen waschen und in dünne Streifen schneiden. Die harten Enden nicht verwenden.
3 Entenbrustfilets waschen und trockentupfen. Die Filets mit Salz und Pfeffer würzen, in einer Pfanne zunächst mit der Hautseite ohne Fett bei starker Hitze anbräunen, danach wenden und ebenfalls anbräunen. Das

Filet bei 170 °C im Backofen ca. 15 Minuten durchgaren. Anschließend in Alufolie einpacken und 10 Minuten ruhen lassen.
4 Ingwer in feine Streifen schneiden und mit Bambussprossen und Mu-Err-Pilzen im Entenfett, das beim Bräunen der Filets ausgetreten ist, bei schwacher Hitze ca. 3 Minuten schwenken. Mit Pfeffer und 1 Prise Zucker würzen.
5 Orangensaft und Kikkoman Soja-Sauce unterrühren und 10 Minuten köcheln lassen. Entenbrustfilets aus der Folie nehmen und in dünne Scheiben schneiden. Das Fleisch mit Bambussprossen und Mu-Err-Pilzen vermischen. Mit ½ EL Soja-Sauce abschmecken.

PRO PORTION

720 kJ, 170 kcal, 22 g Eiweiß, 6 g Fett, 6 g Kohlenhydrate

TIPP

Bei Verwendung von Egerlingen: Die Pilze abbürsten, in Scheiben schneiden und wie im Rezept beschrieben zubereiten.

Shiitake-Salat mit Tofucroûtons

ZUBEREITUNGSZEIT

ca. 40 Minuten

PRO PORTION

815 kJ, 195 kcal, 5 g Eiweiß,
17 g Fett, 30 g Kohlenhydrate

FÜR 4 PERSONEN

150 g Tofu
125 ml Sojaöl
2 Knoblauchzehen
200 g Shiitake-Pilze
1 rote Paprikaschote
200 g Feldsalat
2–3 EL Apfel- oder heller
Reisessig
2 EL Kikkoman Soja-Sauce
schwarzer Pfeffer aus der Mühle

ZUBEREITUNG

1 Den Tofu in einem sauberen Küchentuch trockentupfen und in 1 cm große Würfel schneiden.
2 Vom Öl 5–6 EL für die Sauce abnehmen. Den Rest in einer Sauteuse oder in einer tiefen Pfanne erhitzen, die geschälten und halbierten Knoblauchzehen darin leicht bräunen. Den Knoblauch herausnehmen.
3 Die Tofuwürfel in dem Öl unter häufigem Wenden goldgelb braten. Mit einem Schaumlöffel herausheben und auf einer dicken Lage Küchenpapier abtropfen lassen.
4 Die Pilze putzen, den Stiel herausdrehen. Die Köpfe in dünne Scheiben schneiden und in dem heißen Knoblauchöl braten. Ebenfalls mit dem Schaumlöffel herausnehmen und auf Küchenpapier abtropfen lassen.
5 Die Paprikaschote waschen, putzen und in Würfel schneiden. Den Feldsalat putzen, gründlich waschen und trockenschleudern.
6 Den Salat auf vier Tellern verteilen, Pilze und Paprikawürfel darauf geben und mit den Tofucroûtons bestreuen.
7 Essig und Soja-Sauce verrühren, dann tropfenweise das abgenommene Öl unterrühren. Die Vinaigrette über den Salat träufeln und den Salat nach Belieben mit Pfeffer würzen.

Reisnudelsalat

ZUBEREITUNGSZEIT
ca. 30 Minuten

PRO PORTION
1750 kJ, 420 kcal, 23 g Eiweiß,
22 g Fett, 33 g Kohlenhydrate

FÜR 4 PERSONEN

350 g Reisnudeln
(ca. ½ cm breit)
3 Knoblauchzehen
5 EL Pflanzenöl
2 EL brauner Zucker
350 g blanchierte
Garnelen
100 ml Gemüsebrühe
1 EL Kikkoman Soja-Sauce
ca. 2 Hand voll Basilikumblätter

ZUBEREITUNG

1 Reisnudeln in warmem Wasser
ca. 10–15 Minuten einweichen.
Danach in ein Sieb geben und gut
abtropfen lassen. Mit einem Küchentuch zugedeckt beiseite stellen.
2 Knoblauch sehr fein hacken und
in Öl anschwitzen. Braunen Zucker
dazugeben und bei schwacher
Hitze schmelzen lassen.
3 Garnelen hinzufügen und 5 Minuten unter häufigem Rühren braten. Gemüsebrühe und Kikkoman Soja-Sauce
unterrühren und kurz aufkochen.
4 Die Nudeln auf einer Platte verteilen, die Garnelen mit der Sauce
darüber geben. Mit der Hälfte des
Basilikums vermischen. Je nach
Geschmack mit ½ EL Kikkoman
Soja-Sauce abschmecken. Vor
dem Servieren mit dem restlichen
Basilikum garnieren.

Sojasprossen-Tofu-Salat

ZUBEREITUNGSZEIT

ca. 40 Minuten

PRO PORTION

1500 kJ, 360 kcal, 23 g Eiweiß,
28 g Fett, 5 g Kohlenhydrate

FÜR 4 PERSONEN

200 g Sojasprossen
50 g Mu-Err-Pilze (chine-
sische Morcheln,
alternativ: Champignons)
3 EL Kikkoman Soja-Sauce
6 EL Pflanzenöl
1 EL Reisessig
100 ml Gemüsebrühe
3 Bund Minze
300 g Crabmeat
200 g Tofu

TIPP

Bei Verwendung von Champignons
die Pilze abbürsten und in Scheiben schneiden. Anschließend mit
1 EL Olivenöl in einer Pfanne
ca. 4 Minuten anschwitzen. Mit
1 Prise Salz, Pfeffer und Zucker
würzen und mit einigen Tropfen
Kikkoman Soja-Sauce ablöschen.

ZUBEREITUNG

1 Sojasprossen ca. 10 Minuten in
warmes Wasser geben, danach kalt
abbrausen und abtropfen lassen.
2 Mu-Err-Pilze 10 Minuten in Wasser kochen, danach unter fließendem
Wasser gründlich waschen und
abtropfen lassen.
3 In einer Salatschüssel Kikkoman
Soja-Sauce mit Öl, Reisessig und
Gemüsebrühe gut verrühren. Minze
grob hacken und ⅔ der Minze dazugeben.
4 Crabmeat in 1 cm dicke Stücke
schneiden. Crabmeat, Sojasprossen
und Mu-Err-Pilze mit der Salatsauce
gut vermischen.
5 Zuletzt den Tofu in 1 cm große
Würfel schneiden und vorsichtig
unterheben. Vor dem Servieren
die restliche Minze über den Salat
streuen.

Bunte Paprika
mit Soja-Ingwer-Sauce

ZUBEREITUNGSZEIT

ca. 45 Minuten

PRO PORTION

710 kJ, 169 kcal, 5 g Eiweiß,
11 g Fett, 12 g Kohlenhydrate

FÜR 4 PERSONEN

Je 2 gelbe, rote und grüne
Paprikaschoten
3 EL Sonnenblumenöl
1 Stück frische Ingwerwurzel
(ca. 5 cm)
1 Bund Schnittlauch
1–2 Chilischoten
1 EL Honig
2 EL Weißweinessig
6 EL Kikkoman Soja-Sauce

TIPPS

Sie können diese Vorspeise schon am
Vortag vorbereiten, die Paprikaschoten
ziehen dann besonders gut durch. Probieren Sie statt Soja-Sauce und Honig
auch einfach einmal Soja-Sauce Süß.

ZUBEREITUNG

1 Den Backofen auf 220 °C
(Umluft 200 °C) vorheizen.
Paprikaschoten waschen und
vierteln. Dabei Kerne, Stielansatz und weiße Trennhäute
entfernen.

2 Paprikaschoten mit der
Hautseite nach oben auf ein
leicht geöltes Backblech legen.
Im Ofen 25–30 Minuten garen,
bis die Haut Blasen wirft und
schwarz zu werden beginnt.

3 Ein Küchentuch mit kaltem
Wasser tränken, Paprikaschoten
aus dem Ofen nehmen und mit
dem Tuch bedecken. 10 Minuten abkühlen lassen, dann die
Haut abziehen und die Schoten
in Streifen schneiden.

4 In der Zwischenzeit die Sauce
vorbereiten: Ingwer schälen und
fein hacken. Schnittlauch in Röllchen schneiden. Chilischoten
längs halbieren, Kerne entfernen
und die Schoten in dünne Streifen schneiden.

5 Alles mit Honig, Weißweinessig und Kikkoman Soja-Sauce
vermischen. 2 EL Sonnenblumenöl unterrühren.

6 Die Paprikastreifen auf einer
Platte anrichten und mit der
Soja-Ingwer-Sauce marinieren.

Tofu-Linsen-Pastetchen

ZUBEREITUNGSZEIT

ca. 1 Stunde

PRO PORTION

570 kJ, 2400 kcal, 13 g Eiweiß,
40 g Fett, 39 g Kohlenhydrate

FÜR 4 PERSONEN

1 Paket tiefgefrorener Blätterteig
(300 g)
350 ml Gemüsebrühe
175 g rote Linsen
1 TL frische Thymianblättchen
250 g Tofu
3 EL Kikkoman Soja-Sauce
schwarzer Pfeffer aus der Mühle
etwas abgeriebene Zitronenschale (unbehandelt)
½ TL gemahlener Koriander
1 Bund glatte Petersilie
1 Bund Schnittlauch
Zucker
Mehl zum Ausrollen
1 Eigelb
4 EL Milch
25 g Sesamsamen

ZUBEREITUNG

1 Die Blätterteigplatten auftauen
lassen. Inzwischen die Brühe
aufkochen. Die Linsen und den
Thymian einstreuen, zugedeckt
bei geringer Hitze 10 Minuten
kochen lassen. Abtropfen lassen,
2 EL der Linsen beiseite stellen.

2 Den Tofu 5 Minuten in kaltem
Wasser ruhen lassen, dann in
2 cm große Würfel schneiden
und mit den Linsen vermischen.
Mit Soja-Sauce, Pfeffer, Zitronenschale, Koriander und den gehackten Kräutern mischen und
würzig mit Pfeffer und Zucker
abschmecken.

3 Den Backofen auf 200 °C
vorheizen. Die Blätterteigplatten
aufeinander legen und auf der
leicht mehlierten Arbeitsfläche
dünn ausrollen. 12 gleichmäßige
Quadrate ausschneiden, die
Ränder mit etwas Wasser befeuchten. Jeweils etwas Tofu-
Linsen-Mischung auf die Teig-
stücke geben. Je 4 Stück zu
Dreiecken, Säckchen und Brief-
umschlägen zusammenfalten.
Die Ränder festdrücken. Aus den
Teigresten Dekorationen formen,
ausschneiden und mit etwas
Wasser an den Pastetchen fest-
kleben.

4 Auf ein mit Backpapier ausge-
legtes Blech heben. Das Eigelb
mit der Milch verquirlen, die
Pastetchen damit einpinseln, mit
Sesam und den restlichen Linsen
bestreuen. In der Ofenmitte etwa
15 Minuten backen. Zu diesem
Gericht passt der Chinakohlsalat
(Seite 26/27).

Bunte Grillspieße

ZUBEREITUNGSZEIT
ca. 45 Minuten

MARINIERZEIT
ca. 20 Minuten

PRO PORTION
500 kJ, 120 kcal, 19 g Eiweiß,
2 g Fett, 3 g Kohlenhydrate

FÜR 4 PERSONEN

2 Hühnerbrüstchen
300 g Tofu
16 große, feste
Steinchampignons (Egerlinge)
1 große rote Paprikaschote
2 kleine Zucchini
4 Frühlingszwiebeln
4 Blätter Chinakohl

FÜR DIE MARINADE:
4 EL Kikkoman Soja-Sauce
2 EL Sojaöl
2 EL flüssiger Honig
1 Prise Cayennepfeffer

ZUM DIPPEN:
100 g weißer Rettich
8 EL Kikkoman Soja-Sauce
1 Stück Ingwer (4 cm)

ZUBEREITUNG

1 Die Brüstchen häuten. Das Fleisch in 32 Würfel schneiden.
2 Den Tofu abtropfen lassen und in 16 Würfel schneiden. Die Pilze putzen, mit einem Tuch abreiben und halbieren. Die Paprikaschote und die Zucchini in jeweils 16 Stücke schneiden. Die Frühlingszwiebeln waschen, putzen, die geschlossenen Teile schräg in 16 Stücke schneiden. Rest beiseite legen.
3 Die Chinakohlblätter waschen und abtropfen lassen. Die dicken Blattenden abtrennen und in je vier Teile schneiden. Die weichen Blattenden quer halbieren, zu Röllchen drehen und diese halbieren. Alles zusammen gleichmäßig auf 16 Schaschlikspießchen stecken und in eine flache Schale legen.

4 Die Kikkoman Soja-Sauce mit dem Öl und dem Honig aufkochen, mit Cayennepfeffer würzen und über die Spieße gießen.
5 Die Spieße 20 Minuten unter mehrmaligem Wenden marinieren. Dann in einer Grillschale über Holzkohle 10 Minuten grillen. Dabei häufig umdrehen und immer wieder mit der Sauce begießen.
6 Für den Dip die Blattspitzen der Frühlingszwiebeln in feine Röllchen schneiden. Den Rettich schälen und fein raffeln. Die Soja-Sauce in ein Schälchen geben. Den Rettich darin anhäufen, den Ingwer darüber reiben. Mit den Zwiebelröllchen bestreuen.

Gegrilltes Gemüse
mit Zitronen-Soja-Vinaigrette

ZUBEREITUNGSZEIT
ca. 15 Minuten

PRO PORTION
1071 kJ, 255 kcal, 4 g Eiweiß,
20 g Fett, 15 g Kohlenhydrate

TIPPS
Die Zitronen-Soja-Vinaigrette schmeckt auch zu anderem gegrillten Gemüse. Probieren
Sie doch einmal Tomaten, dünne Fenchelscheiben oder Auberginen.
Sie können den Zucker in der Marinade auch weglassen und dafür Soja-Sauce Süß
verwenden. Dies gilt auch für andere Gerichte, denen Sie eine süßliche Note verlei-
hen möchten.

FÜR 4 PERSONEN

4 Bund Frühlingszwiebeln
2 mittelgroße Zucchini
(ca. 300 g)
2 unbehandelte Äpfel
(z. B. Cox Orange)
6 EL Olivenöl
3 EL Zitronensaft
6 EL Kikkoman Soja-Sauce
schwarzer Pfeffer
1 TL Zucker
2 Thymianzweige
1 Schale Kresse

ZUBEREITUNG

1 Den dunklen Teil der Frühlingszwiebeln und die Wurzeln entfernen, dickere Zwiebeln der
Länge nach halbieren.
2 Zucchini schräg in ½ cm
dicke Scheiben schneiden.
Äpfel vierteln, Kerngehäuse entfernen, jedes Viertel in 3 Spal-
ten schneiden.
3 Gemüse und Apfelstücke in
einer Schüssel mit der Hälfte
des Öls vermischen.

4 Die Zitronen-Soja-Vinaigrette
vorbereiten: Zitronensaft, Soja-
Sauce und 3 EL Olivenöl verrühren, mit schwarzem Pfeffer und
Zucker würzen. Thymianblättchen zupfen und in die Sauce
geben.
5 Das Gemüse in einer Grillpfanne oder auf dem Grill von beiden
Seiten je 4 Minuten grillen. Mit
Kresse bestreuen und mit Zitronen-Soja-Vinaigrette servieren.

FÜR 4 PERSONEN

2 Hähnchen
1 Stück frischer Ingwer (ca. 2 cm)
1 unbehandelte Orange
2 Knoblauchzehen
8 EL Kikkoman Teriyaki
6 EL Öl

FÜR DEN SALAT:
1 Kopfsalat
3 Tomaten
1 kleiner Kohlrabi
Pfeffer
Muskat
Zucker
2 EL Schmand
1 TL süßer Senf
1 EL Teriyaki
6 EL Olivenöl
1 EL Sesamöl
3 EL Aceto balsamico, weiß
1 EL Zitronensaft
3 EL Brühe
1 Knoblauchzehe, 1 Zwiebel
4 EL Croûtons

Teriyaki-Hähnchen mit Salat

PRO PORTION
2572 kJ, 614 kcal, 46 g Eiweiß, 43 g Fett, 11 g Kohlenhydrate

ZUBEREITUNG

1 Hähnchen waschen, trockentupfen, halbieren und in je 6 Teile schneiden. Ingwer fein raspeln. Die Orange waschen und 1 EL Schale abreiben. Eine Orangenhälfte auspressen.

2 Knoblauchzehen pressen. Teriyaki, Öl, Knoblauch, Ingwer, Orangenschale und -saft verrühren und die Hähnchenteile 3 Stunden darin marinieren.

3 Das Geflügel mit der Hautseite nach unten auf den Grillrost legen (untere Schiene).

4 Nach 20 Minuten umdrehen, wieder mit der Marinade bestreichen und weitere 20–25 Minuten knusprig braten.

5 Beim Grillen stets ein Auge auf die Geflügelteile im Ofen haben, da jeder Grill verschieden stark arbeitet. Wenn die Teile zu schnell bräunen, auf 180 °C Umluft umschalten.

6 Für den Salat: Kopfsalat waschen und zupfen. Tomaten halbieren und in Scheiben schneiden. Kohlrabi schälen und in Stifte schneiden. Alles in ein Gefäß geben, mit Pfeffer, 1 Prise Muskat und 1 schwach gehäuften TL Zucker mischen und ca. 1 Stunde zugedeckt marinieren lassen.

7 Für das Dressing Schmand, süßen Senf, Teriyaki, Olivenöl, Sesamöl, Essig, Zitronensaft, Brühe, durchgepressten Knoblauch und gewürfelte Zwiebel mischen und mit Zucker und Pfeffer würzen.

8 Den Salat, die Tomaten und den Kohlrabi inklusive der beim Marinieren entstandenen Flüssigkeit miteinander vermischen und mit dem Dressing unterheben. Vor dem Servieren mit Croûtons bestreuen.

Spargelspieße mit Rettich-Soja-Sauce

ZUBEREITUNGSZEIT

ca. 30 Minuten

PRO PORTION

730 kJ, 180 kcal, 6 g Eiweiß,
14 g Fett, 6 g Kohlenhydrate

FÜR 4 PERSONEN

6 Stangen grüner Spargel
Salz
Zucker
10 ml Zitronensaft
6 Scheiben sehr dünn geschnittener, mild gesalzener Speck
3 EL Pflanzenöl
160 g geriebener Rettich
40 ml Kikkoman Soja-Sauce
je 1 rote und gelbe Paprikaschote, sehr dünn geschnitten

ZUBEREITUNG

1 Den Spargel schälen und die holzigen Enden abschneiden. In kochendem Salzwasser mit 1 Prise Zucker und 1 Schuss Zitronensaft garen. Danach den Spargel mit einem Schaumlöffel aus dem Wasser holen und sofort in eiskaltem Wasser abkühlen, mit einem Tuch gut trockentupfen.
2 Den dünn geschnittenen Speck um den Spargel wickeln, in ca. 4 cm lange Stücke schneiden und aufspießen. In einer Pfanne das Pflanzenöl erhitzen und die Spargelspieße bei mittlerer Hitze beidseitig anbraten.
3 Für den Dip den geriebenen Rettich, die Soja-Sauce und den restlichen Zitronensaft in einer Schüssel vermischen. Paprikaschoten dazugeben. Den Dip zu den Spießen servieren.

Kushi

Fischspieße mit Ingwer-Soja-Sauce

ZUBEREITUNGSZEIT
ca. 30 Minuten

PRO PORTION
1218 kJ, 291 kcal, 16 g Eiweiß,
20 g Fett, 7 g Kohlenhydrate

FÜR 4 PERSONEN

180 g Tintenfisch
12 geschälte Garnelen
6 Lachsstücke (je 15 g)
Salz
Pfeffer
Mehl zum Panieren
80 ml Kikkoman Soja-Sauce
80 ml Weißwein
5 g geriebener Ingwer
3 EL Pflanzenöl

ZUBEREITUNG

1 Den Tintenfisch sorgfältig waschen und in Stücke von ca. 15 g schneiden. Fisch und Garnelen mit Salz und Pfeffer leicht würzen.
2 Die Tintenfischstücke und die geschälten Garnelen abwechselnd aufspießen und dann in Mehl wenden. Überflüssiges Mehl abklopfen. Die Lachsstücke ebenfalls in Mehl wenden und auf Holzspieße stecken.

3 Kikkoman Soja-Sauce, Weißwein und geriebenen Ingwer in einen Topf geben und zum Kochen bringen. Das Pflanzenöl in einer Pfanne erhitzen und die Spieße bei mittlerer Hitze beidseitig anbraten. Die Sauce hinzufügen und kurz karamellisieren.

Ein neuer Trend aus Fernost heißt Kushi. Das Wort ist in Japan gleichbedeutend mit Spieß. Kushi ist folglich das japanische Pendant zum europäischen Schaschlik oder dem türkischen Kebabspieß. In ihrem Herkunftsland zählen Kushi-Variationen schon lange zu den beliebtesten Vorspeisen und dürfen auf keiner Speisekarte fehlen.

Bei der Zubereitung werden zarte Leckerbissen auf Bambusspießchen gesteckt und gegart. Die klassische Kushi-Variante mit Hühnerfleisch heißt Yakitori (*Yaki* bedeutet „Grill", *tori* „Huhn"). Sie besteht aus drei bis vier bissgroßen marinierten Fleischstückchen, die zusammen mit verschiedenen Gemüsezutaten aufgespießt, kurz gegrillt, in eine Marinade mit Kikkoman Soja-Sauce getaucht und erneut gegrillt werden.

Erlaubt ist beim Kushi, was gefällt. Alle Kombinationen aus Fleisch, Scampi, Fisch oder Muscheln mit verschiedenstem Gemüse sind möglich.

Yakitori – der Hühnchenspieß

ZUBEREITUNGSZEIT

ca. 25 Minuten

PRO PORTION

2572 kJ, 614 kcal, 46 g Eiweiß,
43 g Fett, 11 g Kohlenhydrate

FÜR 4 PERSONEN

300 g Hähnchenkeule oder
Hähnchenbrustfilet
2 Stangen Frühlingszwiebeln
100 ml Weißwein
2 EL Zucker oder Honig
150 ml Kikkoman Teriyaki

ZUBEREITUNG

1 Hähnchenkeule oder Hähnchenbrust (ohne Knochen) in
Würfel von etwa 15–20 g
schneiden.

2 Die Frühlingszwiebeln sorgfältig waschen und in 4 cm
lange Stücke schneiden. Hähn-
chenfleisch und Frühlingszwiebeln abwechselnd aufspießen.

3 Weißwein und Zucker oder
Honig in einen Topf geben und
zum Kochen bringen. Kikkoman
Teriyaki dazugeben und nochmals aufkochen, dann abkühlen
lassen.

4 Die Hähnchenspieße in einer
flachen Schale nebeneinander
legen und mit der abgekühlten
Sauce übergießen. Etwa 5 Minuten marinieren. Danach die
Spieße aus der Sauce nehmen,
abtropfen und im Ofen bei
240 °C 4 Minuten grillen.

5 Die Spieße nochmals mit einem Pinsel mit der Sauce bestreichen und weitere 4 Minuten
grillen. Die übrig gebliebene
Sauce in einer Pfanne kurz reduzieren und die Spieße damit
übergießen.

Suppen & Eintöpfe

Kartoffel-Pfifferling-Cremesuppe „Chiba"

FÜR 4 PERSONEN

250 g frische Pfifferlinge
(ersatzweise Pilze aus der Dose)
1 große Zwiebel
250 g Kartoffeln
1 EL Butter oder Margarine
500 ml Brühe
125 g Tofu
3–4 EL Kikkoman Soja-Sauce
frisch gemahlener Pfeffer
1 Prise Zucker
2 EL trockener Sherry
½ Bund Basilikum

ZUBEREITUNGSZEIT

ca. 40 Minuten

PRO PORTION

460 kJ, 110 kcal, 5 g Eiweiß,
5 g Fett, 13 g Kohlenhydrate

TIPP

Die Suppe lässt sich gut vorbereiten.
Vor dem Servieren aber unbedingt
mit dem Pürierstab nochmals auf-
schäumen.

ZUBEREITUNG

1 Die Pfifferlinge putzen, eventuell vorsichtig waschen, größere
Pilze zerkleinern.

2 Die Zwiebel und die Kartoffeln schälen und klein würfeln.
Das Fett in einem Topf zerlassen,
die Pilze darin kurz anbraten.
Herausnehmen und warm stellen.

3 Dann die Zwiebel- und die Kar-
toffelwürfel im Topf hell anschwitzen, mit der Brühe ablöschen
und zugedeckt etwa 15 Minuten
bei geringer Hitze kochen.

4 Den Tofu vor der Verwendung
5 Minuten in kaltem Wasser
ruhen lassen, würfeln und einrühren. Die Suppe anschließend mit
dem Pürierstab im Topf glatt pürieren und schaumig aufschlagen.

5 Wieder aufkochen und mit
Kikkoman Soja-Sauce, Pfeffer,
Zucker und Sherry abschmecken.
Die Pfifferlinge kurz wieder darin
erhitzen. Mit Basilikum bestreut
servieren. Mit frischem Baguette
servieren.

Cremiges Spinatsüppchen

FÜR 4 PERSONEN

250 g Spinat (tiefgekühlt) oder
500 g frischer Spinat
Salz
1 große Zwiebel
1 EL Butter
3 EL Sojaöl
1 Knoblauchzehe
1 cl Weißwein
2 EL Kikkoman Soja-Sauce
1 l Gemüsebrühe
200 g Sahne
Pfeffer
Zucker
Croûtons

ZUBEREITUNGSZEIT

ca. 45 Minuten

PRO PORTION

1385 kJ, 331 kcal, 5 g Eiweiß,
23 g Fett, 10 g Kohlenhydrate

ZUBEREITUNG

1 Den frischen Spinat waschen
und in Salzwasser kurz blanchieren. Anschließend Flüssigkeit
auspressen. (Den tiefgefrorenen
Spinat auftauen lassen.)
2 Zwiebel würfeln und mit
Butter, Öl und gepresstem Knoblauch glasig schwitzen. Mit
Weißwein und Kikkoman Soja-
Sauce ablöschen und reduzieren
lassen.
3 Mit Gemüsebrühe auffüllen
und ca. 20 Minuten auf kleiner
Flamme kochen lassen.
4 Spinat mit Sahne erhitzen
(nicht kochen lassen). Brühe
und Spinatsahne in einen Mixer
geben und cremig mixen.
Mit Pfeffer und Zucker abschmecken und mit Croûtons
servieren.

TIPP

Die Croûtons lassen sich ganz einfach selbst herstellen: 3 Scheiben Weißbrot fein
würfeln und in Butter evtl. mit etwas frischem Knoblauch anbraten.

Mango-Sauerkraut-Eintopf mit Gemüsemaultaschen und Pistou

FÜR 4 PERSONEN

1 Zwiebel, halbiert und in Streifen geschnitten
1 EL Kokosfett
200 g gewürfelte Kartoffeln
400 g Sauerkraut
1 reife Mango, geschält und gewürfelt
750 ml Gemüsebrühe
100 ml Kikkoman Soja-Sauce
500 g Gemüsemaultaschen (Fertigprodukt)

FÜR DAS PISTOU:
3 Knoblauchzehen
Salz
schwarzer Pfeffer aus der Mühle
10 frische Basilikumblätter
30 g geriebener Parmesan
2 EL Olivenöl
2 EL Kikkoman Soja-Sauce

ZUBEREITUNG

1 Die Zwiebel in Kokosfett anschwitzen. Die Kartoffeln, das Sauerkraut und die Mango zugeben. Mit der Gemüsebrühe und Kikkoman Soja-Sauce auffüllen. Ca. 30 Minuten leicht kochen lassen.
2 Für das Pistou den geschälten Knoblauch mit Salz, Pfeffer und den Basilikumblättern im Mörser grob zerstoßen.
3 Den Parmesan, das Olivenöl und die Kikkoman Soja-Sauce zugeben, alles zu einer glatten Paste verarbeiten.
4 Pistou getrennt zum Eintopf servieren, damit jeder nach Bedarf würzen kann.
5 Die Gemüsemaultaschen nach Anweisung zubereiten. Anschließend unter das Mango-Sauerkraut mischen. Den Eintopf in tiefen Schüsselchen servieren.

ZUBEREITUNGSZEIT
ca. 1 Stunde

PRO PORTION
1423 kJ, 340 kcal, 10 g Eiweiß, 17 g Fett, 35 g Kohlenhydrate

TIPP

Als Alternative zu den Gemüsemaultaschen können Sie auch leicht gebratene Schupfnudeln verwenden. Oder Sie bereiten das Mango-Sauerkraut als Beilage und servieren einen Räuchertofu dazu. Pistou wird ähnlich zubereitet wie Pesto, nur werden hier keine Pinienkerne verwendet.

Bunter Gemüseeintopf

ZUBEREITUNGSZEIT

ca. 50 Minuten

PRO PORTION

1240 kJ, 296 kcal, 13 g Eiweiß,
21 g Fett, 14 g Kohlenhydrate

TIPP

Gewöhnen Sie sich an, alle Suppen
und Eintöpfe mit Soja-Sauce zu würzen.
Das sorgt für einen unverwechselbaren
Geschmack.

FÜR 4 PERSONEN

300 g kleine
neue Kartoffeln
1 Bund Möhren
1 Bund Frühlingszwiebeln
1 Bund glatte Petersilie
2 Fleischtomaten
3 Knoblauchzehen
200 g grüne Bohnen
100 g Zuckerschoten
3 EL Olivenöl
125 ml Brühe
6 EL Kikkoman Soja-Sauce
Pfeffer

ZUBEREITUNG

1 Das Gemüse putzen und
waschen, Kartoffeln und Möhren
schälen. Kartoffeln vierteln. Möhren und Frühlingszwiebeln in
Scheiben schneiden, Petersilie
hacken.

2 Tomaten mit heißem Wasser
überbrühen, häuten und vierteln.
Knoblauchzehen abziehen und
zerdrücken. Bohnen und Zuckerschoten ganz lassen.

3 Das Öl erhitzen, Kartoffel-
viertel darin anbraten, Bohnen,
Knoblauch und Möhrenscheiben
zugeben und ca. 5 Minuten
dünsten.

4 Restliches Gemüse und Brühe
zugeben und weitere 15 Minuten bei schwacher Hitze garen.
Mit Petersilie, Kikkoman Soja-
Sauce und Pfeffer abschmecken.

Enteneintopf
mit Backpflaumen und Grießgnocchi

FÜR 4 PERSONEN

200 g entsteinte, halbierte
Backpflaumen
200 ml Kikkoman Soja-Sauce
1 Ente (ca. 2 kg)
je 1 TL schwarze Pfeffer- und
Pimentkörner
1 EL Geflügelbrühpulver
1 Bund Suppengrün
je 150 g gewürfelte Karotten,
Lauch und Sellerie
1 EL frisch gehackter Koriander

FÜR DIE GRIESSGNOCCHI:
150 g gekochte und durch-
gedrückte Kartoffeln, erkaltet
50 g Mehl
100 g Hartweizengrieß
Salz, Muskat

ZUBEREITUNGSZEIT

ca. 2 ½ Stunden

EINWEICHZEIT

ca. 8 Stunden

ZUBEREITUNG

1 Die Backpflaumen einen Tag vorher in die Kikkoman Soja-Sauce einlegen.
2 Für die Grießgnocchi alle Zutaten zu einem glatten Teig kneten, zu fingerdicken Rollen formen und in 1 cm dicke Scheiben schneiden.
3 In kochendem Salzwasser kurz aufkochen lassen und kalt abschrecken.
4 Die Ente waschen, in einem entsprechend großen Topf mit ca. 3 l Wasser ansetzen. Wenn das Wasser anfängt zu kochen, die Gewürze und das Suppengrün zugeben und die Ente ungefähr 1 Stunde köcheln lassen.

5 Anschließend aus dem Kochtopf nehmen, die Brühe passieren und mit Hilfe eines Saucenlöffels überschüssiges Fett abschöpfen, ein wenig Fett aufbewahren. Fleisch enthäuten, von den Knochen lösen und würfeln.
6 Das gewürfelte Gemüse in 1 EL Entenfett leicht anschwitzen, mit 1 l Brühe und dem Backpflaumen-Sojafond auffüllen, weich kochen.
7 Kurz vor Ende der Garzeit Entenwürfel, Backpflaumen und die Grießgnocchi zugeben, den Koriander einstreuen.

PRO PORTION

3775 kJ, 902 kcal, 85 g Eiweiß, 44 g Fett, 41 g Kohlenhydrate

TIPP

Den Eintopf können Sie auch mit Perlhuhn oder Maishähnchen zubereiten. Setzen Sie das Geflügel im kalten Wasser an und lassen Sie das Ganze langsam aufkochen. Den aufsteigenden Schaum mit einer Schaumkelle entfernen; so entsteht eine schöne klare Brühe.

Asiatischer Fischeintopf

ZUBEREITUNGSZEIT

ca. 40 Minuten

PRO PORTION

1800 kJ, 430 kcal, 27 g Eiweiß,
32 g Fett, 7 g Kohlenhydrate

FÜR 4 PERSONEN

je 150 g Lauch, Staudensellerie
und Petersilienwurzel, in Stifte
geschnitten
100 g frische Shiitake-Pilze
40 g Ingwer, in sehr feine Streifen
geschnitten
80 g Butter
100 ml Weißwein
500 ml Fischfond aus dem Glas
100 ml Kikkoman Soja-Sauce
200 g Lachsfilet
200 g Seeteufelfilet
4 kleine Saiblingsfilets mit Haut
8–12 Garnelen
3 Eigelb
200 g Sahne
Pfeffer
1 EL frisch gehackter Koriander

ZUBEREITUNG

1 Gemüse, Pilze und Ingwer in
Butter andünsten und mit dem
Weißwein ablöschen.
2 3–4 Minuten kochen lassen,
dann den Fischfond und die
Kikkoman Soja-Sauce angießen,
umrühren und das Gemüse
weitere 3–4 Minuten garen.
3 Nun kommen die in kleine
Stücke geschnittenen Fischfilet-
stücke und die Garnelen in den
Topf dazu.
4 Den Fisch bei schwacher
Hitze nur kurz, in 1–2 Minuten,
gar ziehen, zusammen mit dem
Gemüse aus dem Fond heben
und beides warm stellen.
5 Den Fond auf die gewünschte
Geschmacksintensität reduzieren.
Die Eigelbe mit der Sahne verquirlen, würzen und unter ständigem Rühren in den Fond geben,
nicht mehr kochen lassen. Koriander einstreuen.
6 Den Fisch und das Gemüse
in tiefen Tellern anrichten und
den Fond darüber gießen.

Herzhafter Steinbutt-Topf

ZUBEREITUNGSZEIT

ca. 35 Minuten

PRO PORTION

1850 kJ, 441 kcal, 29 g Eiweiß,
33 g Fett, 7 g Kohlenhydrate

FÜR 4 PERSONEN

400 g Steinbuttfilet
Salz
2 EL Mehl
2 EL Butter
1 EL Speiseöl
1 ¼ l Brühe
7 EL Kikkoman Soja-Sauce
300 g Blumenkohl
300 g Brokkoli
250 g Champignons
150 g Glasnudeln
Pfeffer
1 TL Chilipulver

ZUBEREITUNG

1 Das Steinbuttfilet waschen, trockentupfen, in mundgerechte Stücke schneiden, salzen und in Mehl wenden.
2 Butter und Öl erhitzen, den Fisch darin von allen Seiten braten und warm stellen.
3 Die Brühe mit 6 EL Kikkoman Soja-Sauce aufkochen. Den Blumenkohl und den Brokkoli putzen, waschen und in Röschen teilen. Die Champignons putzen und halbieren.

4 Das Gemüse in die Brühe geben und ca. 10 Minuten bei mittlerer Hitze garen.
5 Die Glasnudeln zerkleinern, zufügen und alles ca. 5 Minuten mitgaren.
6 Den Steinbutt-Topf mit Pfeffer, Chilipulver und 1 EL Soja-Sauce pikant abschmecken.

Geflügel

Gebratene Nudeln mit Putenbrustfilet, Gemüse und Ei

ZUBEREITUNGSZEIT

ca. 55 Minuten

PRO PORTION

3165 kJ, 757 kcal, 49 g Eiweiß, 39 g Fett, 52 g Kohlenhydrate

FÜR 4 PERSONEN

500 g Putenbrust
1 Knoblauchzehe
1 Stück frischer Ingwer (2 cm)
2 Chilischoten
9 EL Kikkoman Soja-Sauce
1 EL Speisestärke
8 EL Öl
3 mittelgroße Karotten
½ kleiner Chinakohl
1 Stange Lauch
250 g Instant-Eiernudeln
Pfeffer
150 g Sojasprossen
125 ml Geflügelbrühe
Kikkoman Soja-Sauce zum
Abschmecken
2 Eier

ZUBEREITUNG

1 Putenbrust würfeln. Knoblauch schälen und hacken, Ingwer raspeln, Chilischoten längs halbieren und entkernen.

2 Soja-Sauce mit der Stärke glatt rühren. Knoblauch, Ingwer, Chili und 1 EL Öl zugeben und das Fleisch darin mindestens 15 Minuten marinieren.

3 Gemüse waschen und putzen. Karotten in feine und Chinakohl in grobe Streifen schneiden, Lauch in Ringe schneiden. Die Nudeln nach Packungsanweisung garen und beiseite stellen.

4 7 EL Öl im Wok oder in einer großen Pfanne erhitzen, zuerst das Fleisch zugeben und mit Pfeffer würzen, dann das Gemüse nacheinander anbraten und ebenfalls immer vorsichtig nachwürzen.

5 Nudeln und Sprossen zum Schluss dazugeben und kurz mitbraten. Mit der Brühe ablöschen, mit Kikkoman Soja-Sauce abschmecken.

6 Die Eier aufschlagen, mit dem Schneebesen verquirlen und unterrühren, nicht mehr kochen lassen. Wok sofort vom Herd nehmen und servieren.

Pikante Putenrouladen

ZUBEREITUNGSZEIT

ca. 1 Stunde, 20 Minuten

PRO PORTION

5104 kJ, 1220 kcal, 59 g Eiweiß,
70 g Fett, 75 g Kohlenhydrate

FÜR 4 PERSONEN

5 EL Kikkoman Soja-Sauce
1 EL Honig
4 dünne Scheiben Putenbrust
Pfeffer
2 Knoblauchzehen
2 Stangen Lauch
3 EL Öl
Salz
Zucker
3 EL Erdnüsse
2 TL Speisestärke
250 ml Brühe

ZUBEREITUNG

1 4 EL Kikkoman Soja-Sauce
mit dem Honig verrühren und
jeweils eine Seite der Puten-
brustscheiben damit bestreichen.
Zusätzlich etwas pfeffern.
2 Die Knoblauchzehen schälen
und zerdrücken, Lauch putzen,
waschen und in feine Scheiben
schneiden. Beides in 1 EL Öl
kurz anbraten und mit Salz, Pfeffer und 1 Prise Zucker würzen.
3 Die Erdnüsse zugeben und mit
1 EL Soja-Sauce abschmecken.

4 Einen Teil des Gemüses auf dem Fleisch verteilen. Rouladen aufrollen, mit Rouladennadeln oder Zahnstochern feststecken und mit Speisestärke bestäuben.
5 2 EL Öl erhitzen und die Rouladen darin von allen Seiten anbraten.
6 Brühe angießen und zugedeckt ca. 50 Minuten schmoren lassen. Restliches Gemüse kurz erhitzen und die Rouladen darauf anrichten.

Burritos mit Putenbrust und Rosinen

ZUBEREITUNGSZEIT
ca. 25–30 Minuten

PRO PORTION
2240 kJ, 535 kcal, 40 g Eiweiß,
20 g Fett, 25 g Kohlenhydrate

MARINIERZEIT
ca. 1 Stunde

FÜR 4 PERSONEN

500 g Tomaten
2 Knoblauchzehen
½ Bund Minze
2–3 kleine Chilischoten
1 kleine Stange Lauch
1 kleiner Kopfsalat
400 g Putenbrust
80 ml Kikkoman Soja-Sauce
3 EL Sonnenblumenöl
3 EL Rosinen
1 Dose Mais (Abtropfgewicht
125 g)
1 Packung weiche Weizen-
tortillas (12 Stück)
100 g geriebener Käse

ZUBEREITUNG

1 Die Tomaten kreuzweise ein-schneiden, mit heißem Wasser überbrühen, häuten, entkernen und grob hacken.
2 Den Knoblauch und die Minze hacken, die Chilischo-ten und den Lauch in dünne Streifen schneiden, den Kopf-salat waschen, putzen und zupfen.
3 Das Putenfleisch in dicke Scheiben schneiden, mit dem Knoblauch und der Kikkoman Soja-Sauce marinieren und 1 Stunde ziehen lassen.
4 Die Chilis mit Minze in einem Topf mit 1 EL Sonnenblumenöl kurz anschwitzen. Die Tomaten und die Rosinen dazugeben, kurz aufkochen lassen.
5 Das Putenfleisch aus der Marinade nehmen und mit 2 EL Öl in einer Pfanne anbraten. Den Lauch dazugeben und kurz dünsten, den Mais hinzufügen, mit der Marinade ablöschen und etwas einkochen lassen.
6 Die Tortillas nach Packungs-anweisung erwärmen. Den Salat auf die Tortillas legen, die Puten-brust darauf geben und die Sauce über die Putenbrust ver-teilen. Die Tortillas mit Käse bestreuen und zuklappen.

Gebratene Nudeln mit Entenbrust

FÜR 4 PERSONEN

2 Entenbrüste (je 200 g)
Pfeffer
30 g Ingwer
2 Knoblauchzehen
2 Chilischoten
2 mittelgroße Paprikaschoten
(rot und gelb)
1 Bund Frühlingszwiebeln
3 EL Sesamöl
2 EL Sonnenblumenöl
250 g chinesische Eiernudeln
200 g Zuckerschoten
60 ml Kikkoman Soja-Sauce
125 ml Gemüsebrühe
50 g Rettichsprossen (ersatzweise Sojasprossen)
1 TL geröstete Sesamkörner

PRO PORTION

2865 kJ, 685 kcal, 30 g Eiweiß,
38 g Fett, 55 g Kohlenhydrate

ZUBEREITUNG

1 Die Entenhaut rautenförmig einschneiden und mit Pfeffer würzen.

2 Den Ingwer, die Knoblauchzehen und die Chilis hacken, die Paprikaschoten und die Frühlingszwiebeln putzen und in breite Streifen schneiden.

3 Das Öl in einem Wok erhitzen und die Entenbrüste mit der Haut nach unten bei schwacher Hitze knusprig anbraten, nach ca. 10 Minuten wenden und in ca. 5 Minuten fertig garen. Die Entenbrüste herausnehmen, in Alufolie packen und ruhen lassen.

4 Die chinesischen Eiernudeln nach Packungsanweisung zubereiten.

5 Das überschüssige Öl aus dem Wok abgießen. Ingwer, Knoblauch, Chilis, Paprika, Frühlingszwiebeln und Zuckerschoten im Wok anbraten und mit der Soja-Sauce ablöschen. Mit der Gemüsebrühe auffüllen und die Nudeln unterheben.

6 Die gebratenen Entenbrüste in breite Streifen schneiden, ebenfalls vorsichtig unterheben und nochmals kurz erhitzen. Die Rettichsprossen und den Sesam als Dekoration darüber streuen.

FÜR 4 PERSONEN

500 g Hähnchenbrust ohne
Haut und Knochen
300 g gemischte Paprika-
schoten (rot, gelb, grün)

FÜR DIE MARINADE:
5 EL Kikkoman Soja-Sauce Süß
1 EL Kikkoman Soja-Sauce
1 TL frisch geriebener Ingwer

FÜR DIE TEIGHÜLLE:
30 g Frühlingszwiebeln
2 Eiweiß
2 EL Maisstärke
¼ TL Salz
½ EL frisch gehackte
Ingwerwurzel
Maisstärke zum Panieren
Pflanzenöl zum Ausbacken

FÜR DEN DIP:
4 EL Kikkoman Soja-Sauce
2 EL Kikkoman Soja-Sauce Süß
1 rote Chilischote, fein gewürfelt
20 g gehackte Frühlingszwiebeln
1 Spritzer Limettensaft
1 EL gehackte Petersilie

Knuspriges Backhähnchen

ZUBEREITUNGSZEIT
ca. 30 Minuten

MARINIERZEIT
ca. 30 Minuten

PRO PORTION
1638 kJ, 390 kcal, 37 g Eiweiß,
18 g Fett, 20 g Kohlenhydrate

ZUBEREITUNG

1 Die Hähnchenbrust in ca. 3 x 1 cm große Stücke schneiden. Die Paprikaschoten waschen, halbieren, Stielansätze, Samen und weiße Trennwände entfernen und das Fruchtfleisch in Rauten oder Quadrate mit 1,5 cm Kantenlänge schneiden.
2 Für die Marinade alle Zutaten miteinander vermengen. Die Bruststücke in eine flache Form legen, die Marinade gleichmäßig darüber gießen und zugedeckt 30 Minuten im Kühlschrank ziehen lassen.
3 Für die Teighülle die Frühlingszwiebeln waschen, putzen und fein würfeln. Eiweiß schaumig schlagen und die gesiebte Stärke unterrühren. Frühlingszwiebeln, Salz und Ingwer unterheben. Die Bruststücke aus der Marinade heben, in Stärke wenden, die überflüssige Stärke abklopfen und in die Eiweißmasse tauchen.
4 Das Öl in einem Wok oder in der Fritteuse auf 180 °C erhitzen und die Bruststücke knusprig ausbacken. Herausheben und abtropfen lassen. Zum Schluss die Paprikastücke kurz frittieren, herausheben und abtropfen lassen. Beides auf einer Platte anrichten.
5 Die Zutaten für den Dip miteinander verrühren und ebenfalls mit anrichten.

Gefüllte Hähnchenbrust im Soja-Kräuterei an Mango-Orangen-Rahm

ZUBEREITUNGSZEIT
ca. 1½ Stunden

PRO PORTION
2613 kJ, 625 kcal, 17 g Eiweiß,
43 g Fett, 44 g Kohlenhydrate

FÜR 4 PERSONEN

FÜR DIE GEFÜLLTE HÄHNCHENBRUST:
2 EL Butterschmalz
200 g Julienne-Gemüsemischung,
tiefgekühlt (oder 1 Karotte und
3 Frühlingszwiebeln, in feine
Streifen geschnitten)
100 g geräucherter Tofu
2 EL Kikkoman Teriyaki
Salz
weißer Pfeffer
4 Hähnchenbrüste
2 Eier
1 EL gehackter Schnittlauch
1 EL gehackte Petersilie
2 EL Kikkoman Soja-Sauce
Mehl
Butter zum Braten

FÜR DIE MANGO-ORANGEN-SAUCE:
½ Tasse Geflügelbrühe
1 EL Sahne
50 g Mango, gewürfelt
½ Tasse Orangensaft
ca. 1 EL Speisestärke
Salz
weißer Pfeffer

FÜR DEN KORIANDERREIS:
150 g Basmatireis
Salz
100 ml Mirin (Reiswein)
2 EL Butter
1 EL gehackte
Korianderblättchen

ZUBEREITUNG

1 Butterschmalz erhitzen und die Julienne-Gemüsemischung kurz darin andünsten.

2 Den Räuchertofu in feine Würfel schneiden und unter die Gemüsemischung geben. Mit Teriyaki, Salz und weißem Pfeffer würzen.

3 In die Hähnchenbrüste eine Tasche schneiden, diese mit der Gemüsemischung füllen und mit einem Zahnstocher verschließen.

4 Die Eier verquirlen und mit den Kräutern sowie der Soja-Sauce mischen. Die Hähnchenbrüste würzen, in Mehl wenden, durch das Ei ziehen und in der Butter von beiden Seiten

goldbraun anbraten. Die Hähnchenbrüste auf ein gefettetes Backblech setzen und für ca. 10–12 Minuten bei 160 °C fertig backen.

5 Für die Mango-Orangen-Sauce die Geflügelbrühe mit der Sahne, den Mangowürfeln und dem Orangensaft aufkochen und mit dem Saucenstab pürieren. Mit Speisestärke abbinden, abschmecken und passieren. Nochmals ca. 2 Minuten köcheln lassen.

6 Den Reis in reichlich Salzwasser garen, unter kaltem Wasser abspülen und in ein Gefäß geben. Mit Mirin und Salz würzen und in Butter wieder erhitzen. Kurz vor dem Anrichten mit Korianderblättchen vermischen.

Risotto
à la Teriyaki

ZUBEREITUNGSZEIT
ca. 45 Minuten

MARINIERZEIT
ca. 30 Minuten

PRO PORTION
3897 kJ, 931 kcal, 45 g Eiweiß,
38 g Fett, 90 g Kohlenhydrate

FÜR 4 PERSONEN

4 Hähnchenbrustfilets (je 150 g)
6 EL Kikkoman Teriyaki
2 Knoblauchzehen
6 EL Olivenöl
200 g Risottoreis
1 Stange Zitronengras
50 ml trockener Weißwein
1 l kräftige Brühe
2 mittelgroße Möhren
1 kleine Dose Bambussprossen
(250 g)
100 g Shiitake-Pilze
100 g Zuckerschoten
Pfeffer
1 mittlere Dose Mais
3 EL geriebener Parmesan
2 EL Butter
3 EL Kikkoman Soja-Sauce

ZUBEREITUNG

1 Die vorbereiteten Filets in dünne Streifen schneiden, mit Kikkoman Teriyaki begießen und ca. 30 Minuten darin marinieren. Knoblauch zerdrücken, 3 EL Olivenöl in einem Topf erhitzen. Knoblauch und Reis darin glasig dünsten.
2 Das Zitronengras in grobe Stücke schneiden und zum Reis geben. Weißwein zugeben und reduzieren lassen.
3 Nun ein Drittel der Brühe angießen und so lange rühren, bis die Flüssigkeit vom Reis aufgesogen und reduziert ist. Diesen Vorgang so lange wiederholen, bis der Reis al dente ist (ca. 20 Minuten).
4 Möhren in Scheiben, Bambussprossen in kleine Stücke schneiden, Shiitake-Pilze und Zuckerschoten halbieren. 3 EL Olivenöl in einer Pfanne erhitzen, das Hähnchenbrustfilet darin von allen Seiten anbraten, mit Pfeffer würzen.
5 Das vorbereitete Gemüse mit dem Mais zugeben und mitdünsten. Alle Zutaten mit Parmesan und Butter unter das Risotto heben, mit Kikkoman Soja-Sauce und Pfeffer abschmecken.

Barbecue Chicken

ZUBEREITUNGSZEIT
ca. 30 Minuten

MARINIERZEIT
ca. 1 Stunde

PRO PORTION
1226 kJ, 293 kcal, 43 g Eiweiß,
9 g Fett, 4 g Kohlenhydrate

FÜR 4 PERSONEN

3 Knoblauchzehen
5 EL Kikkoman Teriyaki
3 TL mittelscharfer Senf
2 EL Aceto balsamico
3 EL Honig
Salz
Pfeffer
8 Hähnchenunterkeulen
(je 100 g)
½ Baguette

ZUBEREITUNG

1 Den Knoblauch abziehen und fein würfeln. Teriyaki, Senf, Essig, Honig, Knoblauch, 5 EL Wasser, Salz und Pfeffer gut verrühren.
2 Die Hähnchenunterkeulen in eine große Schale geben, mit der Marinade begießen und ca. 1 Stunde marinieren. Dabei ab und zu wenden.

3 Keulen auf den Grill legen, ca. 15 Minuten grillen und dabei mehrmals mit der Marinade bestreichen. Das Baguette in Scheiben schneiden.
4 Hähnchenunterkeulen nach Wunsch mit Salatblättern, Petersilie und Frühlingszwiebel garniert mit den Baguettescheiben heiß servieren.

Indonesische Reispfanne mit Hühnerbrust

ZUBEREITUNGSZEIT
ca. 30 Minuten

MARINIERZEIT
ca. 1 Stunde

PRO PORTION
1495 kJ, 340 kcal, 25 g Eiweiß,
10 g Fett, 35 g Kohlenhydrate

FÜR 4 PERSONEN

2 Knoblauchzehen
2 Chilischoten
400 g Hühnerbrustfilet
Saft und Schale von 1 Orange
1 TL Kreuzkümmel
125 ml Kikkoman Soja-Sauce
250 g grüner Spargel
1 mittelgroßer Fenchel mit
Fenchelgrün
250 g Möhren
250 g Reis
2 EL Sojaöl
1 Bund Koriander (ersatzweise
Petersilie)

ZUBEREITUNG

1 Die Knoblauchzehen und die Chilischoten hacken. Die Hühnerbrust in dicke Streifen schneiden.
2 Knoblauch, Chilischoten, Orangensaft- und schale, Kreuzkümmel und Kikkoman Soja-Sauce in eine Schale geben und vermengen. Die Hühnerbrust in die Marinade legen und 1 Stunde durchziehen lassen.
3 Den Spargel und den Fenchel in dünne Scheiben, die Möhren in Stifte schneiden.
4 Den Reis kochen und abschrecken. Das Huhn aus der Marinade nehmen, abtropfen lassen und in einem Wok mit dem Sojaöl heiß anbraten.
5 Das Gemüse dazugeben und das Ganze durchbraten. Mit der Marinade ablöschen und mit dem Reis vermengen. Mit dem Fenchelgrün und den Korianderblättern bestreut servieren.

Fleisch

Rouladen vom Kalbsrücken mariniert in Soja-Sauce

ZUBEREITUNGSZEIT
ca. 50–60 Minuten

MARINIERZEIT
ca. 30–40 Minuten

FÜR 4 PERSONEN

FÜR DIE MARINADE:
1 Frühlingszwiebel
1 EL gehackte Petersilie
1 EL Zucker
125 ml Kikkoman Soja-Sauce
2 EL Creamsherry

FÜR DIE ROULADEN:
8 dünn geschnittene Scheiben
vom Kalbsrücken (ca. 150 g)
Salz, Pfeffer
250 g Nadelbohnen (sehr dünne
grüne Bohnen, evtl. tiefgekühlt)
Öl zum Anbraten

FÜR DIE SAUCE:
125 ml Weißwein
125 ml trockener Sherry
250 ml brauner Kalbsfond
(aus dem Glas)

200 g Rundkornreis, Salz

PRO PORTION
1838 kJ, 438 kcal, 17 g Eiweiß,
13 g Fett, 47 g Kohlenhydrate

ZUBEREITUNG

1 Für die Marinade die Frühlingszwiebel waschen und fein schneiden. Alle Zutaten für die Marinade miteinander verrühren.

2 Die Kalbsrückenscheiben salzen und pfeffern. Die frischen Nadelbohnen putzen und waschen, kurz in kochendem Wasser blanchieren (die gefrorenen Bohnen nur blanchieren) und auf dem Fleisch verteilen.

3 Bohnen fest einrollen, mit einem Zahnstocher fixieren und ca. 30–40 Minuten auf der Schnittkante in die Soja-Marinade legen.

4 Den Reis waschen, in einen flachen Topf geben, fingerbreit mit Wasser bedecken und etwas Salz zugeben. Den Reistopf mit einem gut schließenden Deckel abdecken, den Reis zum Kochen bringen und anschließend bei geringer Hitze ca. 15 Minuten bei geschlossenem Deckel gar ziehen lassen.

5 Die Rouladen aus der Marinade nehmen, trockentupfen und in heißem Öl zunächst auf der Schnittkante und dann von allen Seiten anbraten.

6 Das Fleisch aus der Pfanne nehmen und warm stellen, den Bratensatz mit Weißwein und Sherry ablöschen und einkochen lassen. Den Kalbsfond zugeben und aufkochen lassen.

7 Die Rouladen zum Fertiggaren für ca. 5 Minuten in die Sauce legen und gar ziehen lassen. Die fertigen Rouladen mit Sauce und Reis anrichten.

Sauerbraten mit Spätzle

ZUBEREITUNGSZEIT

ca. 3 Stunden

MARINIERZEIT

2 Tage

PRO PORTION

3288 kJ, 784 kcal, 60 g Eiweiß, 43 g Fett, 36 g Kohlenhydrate

FÜR 4 PERSONEN

250 ml Rotweinessig
100 ml Kikkoman Soja-Sauce
½ TL Pfefferkörner
2 Gewürznelken
3 Lorbeerblätter
5 Wacholderbeeren
1 kg Rindfleisch ohne Knochen
2 Zwiebeln
1 Karotte
¼ Knollensellerie
1 Petersilienwurzel
4 EL Öl
50 g Saucenlebkuchen
125 ml Rotwein
400 g Spätzle
100 g Rosinen
Pfeffer
Apfelkraut
Preiselbeermarmelade

ZUBEREITUNG

1 Rotweinessig mit 375 ml Wasser, 90 ml Kikkoman Soja-Sauce und Gewürzen kurz aufkochen und dann abkühlen lassen.
2 Das Fleisch mit dem kalten Sud völlig bedecken und ca. 2 Tage an einem kühlen Ort marinieren.
3 Die Zwiebeln schälen und in große Stücke schneiden. Karotte, Sellerie und Petersilienwurzel schälen und in kleine Würfel schneiden.
4 Fleisch aus der Marinade nehmen, trockentupfen und im Öl kräftig anbraten. Das Gemüse dazugeben und ebenfalls anbraten.
5 Die Marinade durch ein Sieb gießen und erhitzen. 250 ml der Marinade zum Fleisch gießen, den Saucenlebkuchen einbröseln und bei milder Hitze zugedeckt ca. 2 Stunden schmoren lassen. Nach und nach den Rotwein angießen.
6 Währenddessen die Spätzle garen.
7 Nach Ende der Schmorzeit das Fleisch aus der Sauce nehmen und warm stellen. Sauce pürieren, Rosinen dazugeben und mit Soja-Sauce, Pfeffer und Apfelkraut abschmecken.
8 Das Fleisch in Scheiben schneiden und zusammen mit den Spätzle und der Preiselbeermarmelade servieren.

Geschmorte Kaninchenkeulen mit Aprikosen

ZUBEREITUNGSZEIT

ca. 2 Stunden

PRO PORTION

2575 kJ, 615 kcal, 55 g Eiweiß, 20 g Fett, 40 g Kohlenhydrate

TIPP

Für die Marinade empfehlen wir statt Soja-Sauce und Zucker Kikkoman Soja-Sauce Süß.

FÜR 4 PERSONEN

600 g kleine Kartoffeln
2 Stangen Lauch
4 Stangen Staudensellerie
4 Kaninchenkeulen (je 250 g)
Pfeffer
3 Knoblauchzehen
1 Bund Thymian
2 EL Fenchelsamen
1 EL Kardamomsamen
1 Lorbeerblatt
125 ml Weißwein
500 ml Gemüsebrühe oder Wasser
125 ml Kikkoman Soja-Sauce
2 EL Honig
100 g Dörraprikosen

ZUBEREITUNG

1 Die Kartoffeln schälen, den Lauch und den Sellerie waschen, putzen und in 1 cm breite Ringe bzw. Würfel schneiden.
2 Die Kaninchenkeulen pfeffern und in einem schweren Schmortopf anbraten. Knoblauch, Thymian, Fenchelsamen, Kardamomsamen und Lorbeerblatt hinzufügen.
3 Das Geschmorte mit dem Weißwein ablöschen und ein-

kochen. Brühe oder Wasser, Soja-Sauce und Honig dazugeben. Anschließend bedecken und im auf 200 °C vorgeheizten Backofen schmoren.
4 Nach 30 Minuten die Kartoffeln, den Lauch, den Sellerie und die Dörraprikosen dazugeben und weitere 30 Minuten schmoren lassen.

Glasierte Schweinerippchen „Tokyo"

ZUBEREITUNGSZEIT
ca. 1 Stunde

MARINIERZEIT
30–60 Minuten

FÜR 4 PERSONEN

2 kg magere Schweinerippchen
1 großes Stück frischer Ingwer
(8 cm)
1 Zitrone
6 EL Kikkoman Soja-Sauce
3 EL Mirin (süßer Reiswein
zum Kochen, ersatzweise
halbtrockener Sherry)
3 EL fester Honig
2 EL Tomatenketchup
1 TL Sambal Oelek
(scharfe Pfefferpaste)

PRO PORTION
1615 kJ, 380 kcal, 22 g Eiweiß,
23 g Fett, 9 g Kohlenhydrate

TIPP

Für die Schweinerippchen können Sie
auch gut Kikkoman Soja-Sauce Süß
oder Teriyaki verwenden; beide sorgen
für guten Geschmack und einen
appetitlichen Glanz.

ZUBEREITUNG

1 Die Rippchen vom Metzger
in Stücke von je 3–4 Rippchen
teilen lassen. Die Rippchen mit
einem Tuch abreiben und das
Fleisch zwischen den Knochen
um zwei Drittel einschneiden.
Die Rippchen in eine flache
Schüssel legen.
2 Für die Marinade den Ingwer schälen, in kleinere Stücke
schneiden und durch die Knob-
lauchpresse den Saft in ein Stiel-
töpfchen pressen. Die Zitrone
auspressen und den Saft hinzufügen.

3 Kikkoman Soja-Sauce, Mirin,
Honig, Tomatenketchup und
Sambal Oelek in den Topf geben und alles unter Rühren einmal aufkochen. Heiß über die
Rippchen gießen und diese
30–60 Minuten marinieren,
dabei häufig wenden.
4 Die Rippchen flach in eine
Grillschale legen, nochmals
mit Marinade bestreichen und
langsam grillen, je nach Dicke
15–20 Minuten. Dabei ein-
bis zweimal wenden und immer
wieder mit Marinade einpinseln.

Rumpsteaks mit Sojacreme

PRO PORTION
2530 kJ, 600 kcal, 44 g Eiweiß,
45 g Fett, 6 g Kohlenhydrate

FÜR 4 PERSONEN

4 EL Olivenöl
2 EL Kikkoman Soja-Sauce
1 EL Weinbrand oder Cognac
1–2 klein gehackte
Knoblauchzehen
2 EL frische gemischte Kräuter
(z. B. Rosmarin, Thymian)
grob gemahlener Pfeffer
4 Rumpsteaks (je 200 g)
Öl zum Braten

FÜR DIE SOJACREME:
2 Fleischtomaten (400 g)
5 EL Kikkoman Soja-Sauce
1 EL Apfelessig
200 g Sahne
40 g eiskalte Butter
Cayennepfeffer

ZUBEREITUNG

1 Olivenöl, Kikkoman Soja-Sauce, Weinbrand, Knoblauch, Kräuter und Pfeffer vermischen und die Steaks 2 Stunden in der Marinade ziehen lassen.

2 Für die Sojacreme die Tomaten überbrühen, enthäuten, entkernen und klein schneiden. Mit der Soja-Sauce und dem Essig aufkochen und pürieren. Die Sahne hinzufügen, im offenen Topf etwas einkochen lassen.

3 Die eiskalte Butter in Stückchen einschwenken oder mit dem Pürierstab aufmixen und die Creme mit Cayennepfeffer abschmecken. Die Sojacreme warm stellen, aber nicht mehr kochen lassen.

4 Die abgetupften Steaks in heißem Öl pro Seite ca. 4–5 Minuten braten oder grillen und mit der Sojacreme servieren.

5 Dazu passen gebratene Petersilienkartoffeln und Blattsalat.

TIPP

Statt einer warmen können Sie auch eine kalte Sauce zubereiten: 2 Tomaten mit 5 EL Kikkoman Soja-Sauce und 1 EL Essig aufkochen und pürieren, etwas einkochen lassen, dann abkühlen. Mit jeweils 100 g saurer Sahne und Crème fraîche verrühren, mit Cayennepfeffer abschmecken und kalt servieren.

Rehrücken mit Hokaidokürbis

ZUBEREITUNGSZEIT

ca. 1 Stunde

PRO PORTION

3941 kJ, 942 kcal, 49 g Eiweiß,
31 g Fett, 102 g Kohlenhydrate

FÜR 4 PERSONEN

50 ml Kikkoman Soja-Sauce
50 g Galgant (Thai-Ingwer)
1 EL Wildblütenhonig
150 ml Wild- oder Rinderfond
aus dem Glas
40 g Butter
500 g Hokaidokürbis
Salz
Pfeffer
Zucker
500 g Hartweizengrieß
3 große Eier
5 EL Olivenöl
100 g Sahne
400 g Rehrücken
3 Chilischoten
Olivenöl zum Braten
16 Basilikumblätter

ZUBEREITUNG

1 Die Kikkoman Soja-Sauce mit dem geschälten, fein geschnittenen Galgant und dem Honig leicht reduzieren, den Wildfond zufügen und köcheln lassen. Dabei die Sauce abschäumen.
2 Die Sauce so lange reduzieren, bis sie andickt. Dann 20 g Butter einrühren und die Sauce durch ein feines Sieb passieren. Zum Anrichten bereithalten.
3 Den Kürbis waschen, schälen und in Dreiecke schneiden. Die Kerne entfernen. Die Kürbisstücke mit Salz, Pfeffer und Zucker würzen und mit 20 g Butter in einem geschlossenen Topf dünsten.
4 Aus Grieß, Eiern, Olivenöl und ½ TL Salz einen Teig bereiten und ruhen lassen. Den Teig sehr dünn ausrollen und in Fadennudeln schneiden. Kurz in Wasser kochen und in mit etwas Salz abgeschmeckter Sahne schwenken.
5 Das Fleisch im Ganzen mit Salz und Pfeffer würzen. Anbraten und 7 Minuten bei 180 °C

im Ofen grillen. Das gare Fleisch in Alufolie wickeln und ruhen lassen.

6 Die Chilischoten in feine Streifen schneiden und mit Salz in etwas Olivenöl braten. Anschließend auch die Basilikumblätter in heißem Öl ausbacken und warm halten.

7 Das Reh tranchieren und in der Mitte des Tellers auf dem Kürbis und den Nudeln anrichten. Mit Chilistreifen und gebackenen Basilikumblättern garnieren.

Schnelle Soja-Pfanne

ZUBEREITUNGSZEIT

ca. 20 Minuten

PRO PORTION

1041 kJ, 249 kcal, 21 g Eiweiß,
12 g Fett, 7 g Kohlenhydrate

FÜR 4 PERSONEN

400 g Schweinefilet
Salz
Pfeffer
2 TL Speisestärke
½ Bund Frühlingszwiebeln
1 Stück frischer Ingwer (3 cm)
3 EL Öl
4 EL Kikkoman Soja-Sauce
2 EL Sherry
grob gemahlener bunter Pfeffer

ZUBEREITUNG

1 Schweinefilet in feine Streifen
schneiden, mit Salz und Pfeffer
würzen und mit Stärke überpu-
dern.
2 Frühlingszwiebeln putzen,
waschen und in Ringe schneiden, Ingwer schälen und fein
hacken.
3 Das Öl erhitzen und die
Fleischstreifen darin bei starker
Hitze unter Rühren kurz anbraten. Herausnehmen und beiseite
stellen.
4 Frühlingszwiebelringe und
Ingwer kurz anschwitzen, Kikkoman Soja-Sauce, Sherry und
Fleischstreifen zugeben und mit
buntem Pfeffer abschmecken.

Fleisch-Gemüse-Fondue mit Tofu

ZUBEREITUNGSZEIT

ca. 1 Stunde

FÜR 4 PERSONEN

500 g Rinderfilet
600 g Gemüse (z. B. Chinakohl, Paprikaschoten, Staudensellerie, Blumenkohlröschen,
Zucchini, Brokkoli, Fenchel,
Möhren)
300 g Tofu (firm)
2 l Hühnerbrühe
2 Frühlingszwiebeln
1 EL Kikkoman Soja-Sauce

FÜR DIE KALTE CURRYSAUCE:
¼ gehackter Apfel
½ kleine, gehackte Zwiebel
½ TL Butter
½ EL Mango-Chutney
125 g saure Sahne
(10 % Fett)
1 TL Currypulver (Madras)
1 EL Kikkoman Soja-Sauce
1 Messerspitze Sambal Oelek

PRO PORTION

1770 kJ, 420 kcal, 43 g Eiweiß,
20 g Fett, 17 g Kohlenhydrate

FÜR DIE KALTE SENFSAUCE:
1 hart gekochtes Ei
2 EL scharfer Senf
1 TL Speiseöl
150 g Quark
2 TL Kikkoman Soja-Sauce
1 TL Zitronensaft
2 EL Schnittlauchröllchen

FÜR DIE PIKANTE
TOMATENSAUCE:
1 kleine, gehackte Zwiebel (50 g)
1 EL Speiseöl
250 g geschälte Tomaten
(evtl. aus der Dose)
1 rote Paprikaschote
1 kleines Stück rote Pfefferschote
1 Knoblauchzehe
½ EL Weinessig
2 EL Kikkoman Soja-Sauce

ZUBEREITUNG

1 Rinderfilet vom Metzger in dünne Scheiben schneiden lassen. Diese leicht rollen, anrichten.

2 Das Gemüse in Stücke schneiden. Staudensellerie, Blumenkohl, Zucchini, Brokkoli, Fenchel und Möhren 7 Minuten vorgaren. Den Tofu in Würfel schneiden, anrichten.

3 Die Hühnerbrühe aufkochen. Die Frühlingszwiebeln in dünne Ringe schneiden und hinzufügen. Mit der Kikkoman Soja-Sauce würzen. Die Brühe in einen Fonduetopf gießen und auf einen Rechaud stellen. Jeder Tischgast taucht Fleisch, Gemüse oder Tofu mit Fonduegabeln oder kleinen Sieben in die siedende Brühe.

4 Für die Currysauce den Apfel schälen, fein raffeln und mit den Zwiebelwürfeln in der Butter kurz dünsten. Das Mango-Chutney passieren. Die saure Sahne mit dem Currypulver, der Soja-Sauce, der erkalteten Zwiebel-Apfel-Mischung, dem Mango-Chutney und dem Sambal Oelek vermischen.

5 Für die Senfsauce das Eigelb herauslösen, durch ein feines Sieb drücken. Den Senf dazumischen und das Öl tropfenweise hinzufügen. Mit dem Quark vermischen, mit Soja-Sauce und Zitronensaft abschmecken. Das Eiweiß klein hacken und mit dem Schnittlauch darunter mischen.

6 Für die Tomatensauce die Zwiebel in dem Öl dünsten. Tomaten und entkernte Paprikaschote klein schneiden und hinzufügen. Die Pfefferschote hacken und die Knoblauchzehen in Scheibchen schneiden. Beides dazugeben. Mit dem Essig weich kochen und im Mixer pürieren. Die Sauce nach dem Erkalten mit der Soja-Sauce abschmecken.

Fisch

Lachs mit Teriyaki

ZUBEREITUNGSZEIT
ca. 20 Minuten

MARINIERZEIT
ca. 1 Stunde

PRO PORTION
1390 kJ, 330 kcal, 40 g Eiweiß,
16 g Fett, 7 g Kohlenhydrate

TIPP
Den Lachs im Ofen immer wieder mit
der Marinade bepinseln. So bekommt
der Lachs eine schöne Karamellkruste.

FÜR 4 PERSONEN

1 Limette
200 ml Kikkoman Teriyaki
8 Lachsfiletscheiben (je 80 g)
Pfeffer
200 g frischer Rettich
Fett für das Blech
½ Bund Koriander
120 ml Kikkoman Soja-Sauce

ZUBEREITUNG

1 Limette auspressen, den Saft
mit Kikkoman Teriyaki verrühren.
2 Lachsscheiben pfeffern und
in eine Schüssel legen. Mit der
Marinade begießen. Zugedeckt
mindestens 1 Stunde im Kühlschrank marinieren.
3 In der Zwischenzeit den Rettich schälen, fein reiben und auf
einem Sieb abtropfen lassen.
4 Ofen auf 220 °C (möglichst
Umluft) vorheizen. Lachsfilets aus
der Marinade nehmen und auf
ein gefettetes Blech legen. Im
Ofen etwa 5–8 Minuten garen.
5 Je 2 Lachsfiletscheiben mit
einem Häufchen Rettich anrichten, mit Korianderblättchen und
einer kleinen Schale Kikkoman
Soja-Sauce servieren. Dazu
passt Reis oder ein leichter
Gemüsesalat.

Lachs-Spinat-Lasagne

ZUBEREITUNGSZEIT

ca. 40 Minuten

MARINIERZEIT

ca. 1 Stunde

FÜR 4 PERSONEN

500 g Lachsfilet
7–8 EL Kikkoman Soja-Sauce
1 Knoblauchzehe
50 g Butter
70 g Mehl
1 l Milch
Butter zum Anbraten
400 g Blattspinat (tiefgekühlt)
Pfeffer
Muskat
400 g gekochte Bandnudeln
1 Kugel Mozzarella

PRO PORTION

3945 kJ, 943 kcal, 56 g Eiweiß,
34 g Fett, 100 g Kohlenhydrate

ZUBEREITUNG

1 Lachsfilet der Länge nach in
3–4 Scheiben schneiden und
mit 6 EL Soja-Sauce und der
durchgepressten Knoblauchzehe
1 Stunde marinieren.

2 Aus Butter, Mehl und Milch
eine Béchamelsauce herstellen.
In einer Pfanne etwas Butter
schmelzen und den Spinat zufügen. Mit etwas Kikkoman Soja-
Sauce, Pfeffer und Muskat
abschmecken.

3 Abwechselnd Nudeln, Spinat
und Lachs in eine Form einschich-
ten und die einzelnen Schichten
mit Béchamelsauce begießen.

4 Auf die letzte Schicht den
geraspelten Mozzarella geben.
Im vorgeheizten Backofen bei
220 °C (Umluft 200 °C) ca.
20 Minuten überbacken.

Gefülltes Teriyaki-Lachsfilet vom Grill

ZUBEREITUNGSZEIT

ca. 45 Minuten

PRO PORTION

2279 kJ, 543 kcal, 42 g Eiweiß,
35 g Fett, 16 g Kohlenhydrate

FÜR 4 PERSONEN

50 g Basmatireis
Salz
1 kleine Stange Lauch
50 g Sojasprossen
100 g Shiitake-Pilze oder
Champignons
5 EL Sonnenblumenöl
100 ml Kikkoman Teriyaki
Pfeffer
800 g Lachsfilet (geschuppt,
ohne Gräten, mit Haut)

TIPP

Um diesen raffinierten Fisch auf dem Holzkohlegrill im Freien zuzubereiten, eignen
sich die im Handel erhältlichen Aluschalen hervorragend. Sie können die Füllung
auch ohne Reis zubereiten: Verdoppeln Sie einfach die Gemüsemengen und schneiden Sie den Lauch in feinere Ringe.

ZUBEREITUNG

1 Reis nach Packungsanweisung in Salzwasser kochen,
abgießen und abkühlen lassen.
2 In der Zwischenzeit Lauch
putzen und in fingerbreite Stücke
schneiden. Sojasprossen waschen. Den Stiel der Shiitake-
Pilze entfernen, Kappen in
schmale Streifen schneiden.
3 Lauch und Pilze mit 2 EL
Sonnenblumenöl in einem mittel-
großen Topf 4 Minuten mit
Deckel dünsten. Sojasprossen
und die Hälfte Kikkoman Teriyaki
zugeben, in 2 Minuten fertig garen. Gemüse und Reis mischen,
mit etwas Pfeffer würzen.
4 Das Lachsfilet lässt sich am
besten mit Haut grillen. Damit Sie
die Haut später mitessen können,

müssen die Schuppen sorgfältig
entfernt werden – bitten Sie Ihren
Fischhändler darum. Von der
Schmalseite eine tiefe Tasche
in das Lachsfilet schneiden.
5 Mit einem Löffel vorsichtig die
Reisfüllung in die Tasche drücken,
Öffnung mit Holzspießchen verschließen. Das Lachsfilet mit
der restlichen Teriyaki und 3 EL
Sonnenblumenöl in einer flachen
Schüssel marinieren.
6 Filet aus der Marinade nehmen und in einer Grillpfanne
bei milder Hitze auf der Hautseite 9 Minuten grillen. Den gefüllten Lachs vorsichtig wenden
und in 6 Minuten fertig garen.
Zwischendurch mit Marinade
bepinseln.

Rotbarsch in Sesamkruste paniert mit Gemüse und Duftreis

ZUBEREITUNGSZEIT

ca. 55 Minuten

PRO PORTION

3472 kJ, 829 kcal, 50 g Eiweiß,
30 g Fett, 95 g Kohlenhydrate

FÜR 4 PERSONEN

200 g Shiitake-Pilze (alternativ: Champignons)
600 g Rotbarschfilet
Salz
Pfeffer
100 g Paniermehl
100 g Semmelbrösel
2 EL Sesam
2 Eier
3 EL Öl
1 TL Kurkuma
½ TL gemahlener Kreuzkümmel
250 g Basmatireis
2 Zwiebeln
1 rote Paprika
200 g Bambussprossen
Saft und Schale von ½ Zitrone
4 EL Kikkoman Soja-Sauce
4 EL Speisestärke
4 EL Butterschmalz zum Braten

ZUBEREITUNG

1 Die Shiitake-Pilze vom Fuß befreien. Fisch salzen, pfeffern und in Paniermehl wenden. Semmelbrösel und Sesam vermischen. 2 Eier verrühren und den Fisch panieren.

2 Etwas Öl in einem Topf erhitzen, Kurkuma und Kreuzkümmel einstreuen und den Reis darin wenden, mit ½ l Wasser aufgießen und bei mittlerer Hitze gar kochen.

3 Zwiebeln schälen und in Achtel schneiden. Paprika in grobe Würfel, Bambussprossen und Shiitake-Pilze in Scheiben schneiden. Zwiebel und Paprika im restlichen Öl anbraten, anschließend Bambussprossen und Pilze mitdünsten.

4 Die Zitronenschale zugeben und mit dem Zitronensaft und etwas Wasser ablöschen. Mit Kikkoman Soja-Sauce abschmecken. Eventuell mit etwas Stärke binden.

5 Butterschmalz in einer Pfanne erhitzen und den Fisch von jeder Seite ca. 5 Minuten braten. Mit Gemüse und Reis servieren.

FÜR 4 PERSONEN

250 g Rotbarschfilet
8 ausgelöste Riesenscampi
Pfeffer
1 rote Paprikaschote
1 Zucchini
1 Knoblauchzehe
8 EL Öl
5 EL Kikkoman Soja-Sauce
Kräuter der Provence

Schlemmer-Fischspieße

ZUBEREITUNG

1 Rotbarschfilet in mundgerechte Stücke schneiden, Scampi mit Pfeffer würzen.

2 Paprikaschote und Zucchini putzen und waschen, Paprikaschote halbieren, Kerne und Trennwände entfernen. Beide Gemüse in mundgerechte Stücke schneiden. Alles abwechselnd auf Spieße stecken.

3 Die Knoblauchzehe abziehen, zerdrücken, mit Öl, Soja-Sauce, Kräutern der Provence und Pfeffer verrühren und die Spieße damit einpinseln.

4 7–10 Minuten grillen, dabei mehrmals wenden und mit der Ölmischung bepinseln.

PRO PORTION

1218 kJ, 291 kcal, 16 g Eiweiß, 20 g Fett, 7 g Kohlenhydrate

TIPP

Als Beilage zu den Schlemmer-Fischspießen empfehlen wir geröstetes Weißbrot. Dieses mit etwas Olivenöl beträufeln und mit einer frischen Knoblauchzehe einreiben.

ZUBEREITUNGSZEIT
ca. 1 Stunde

AUSPRESSZEIT
3–4 Stunden

FÜR 4 PERSONEN

250 g Tofu
150 g geschälte Garnelen-
schwänze
1 Eigelb
1–2 EL Kikkoman Soja-Sauce
1 kleine Chilischote
40 g Karotten
Salz
30 g Frühlingszwiebeln
½ EL fein geschnittener
Koriander

FÜR DEN SUD:
800 ml Fischfond aus dem Glas
3–4 EL Kikkoman Soja-Sauce
1 Stück Zitronengras
(ca. 10 cm)
Pfeffer aus der Mühle

PRO PORTION
538 kJ, 128 kcal, 16 g Eiweiß,
6 g Fett, 3 g Kohlenhydrate

FÜR DEN DIP:
2 Knoblauchzehen, fein
gehackt
je 1 rote und grüne Chilischote,
fein gewürfelt
5 EL Kikkoman Soja-Sauce
1 EL Fischsauce
2 EL Fischfond
½ EL Limettensaft
1 TL brauner Zucker

Tofu-Garnelen-Bällchen

ZUBEREITUNG

1 Den Tofu in ein sauberes Geschirrtuch einschlagen. Auf einen Teller geben, ein Küchenbrettchen darauf legen, mit ca. 1 kg Gewicht (z. B. Schüssel mit Wasser) beschweren und 3–4 Stunden auspressen.

2 Die Garnelen vom Darm befreien und waschen. Den gepressten Tofu, Garnelen, Eigelb und Kikkoman Soja-Sauce in den Mixer geben und fein pürieren. In eine Schüssel umfüllen.

3 Die Chilischote längs halbieren, Stielansatz, Samen und Trennwände entfernen und das Fruchtfleisch fein würfeln.

4 Die Karotten schälen, sehr fein würfeln, in Salzwasser 2–3 Minuten kochen, abseihen und kalt abschrecken. Die Frühlingszwiebeln waschen, putzen und fein hacken.

5 Chili, Frühlingszwiebeln, Karotten und Koriander zu der Tofu-Garnelen-Masse geben, alles gut miteinander vermischen. Aus der Masse ca. 18 Bällchen à 20 g formen.

6 Den Fischfond mit der Soja-Sauce und dem halbierten Zitronengras in einen Topf geben, pfeffern und aufkochen. Die Bällchen einlegen, Hitze reduzieren und in ca. 10 Minuten gar ziehen lassen.

7 Für den Dip die Zutaten gut miteinander verrühren. Die Bällchen aus dem Sud heben, abtropfen lassen und mit dem Dip servieren.

Sushi

Sushi, ein Klassiker der japanischen Küche

Fisch und Reis sind die eigentliche Basis dieser belegten oder gefüllten Reishappen aus Fernost. Vor einigen Jahrhunderten verstand man unter Sushi nur den mit Essig gesäuerten Reis und eine Methode, rohen Fisch mit Hilfe dieses Reises haltbar zu machen.

Dabei wurden gesalzene Meeresfrüchte in ein Gefäß eingelegt, das mit einem Deckel aus Reis luftdicht verschlossen wurde. Der Reis erfüllte anfangs nur die Aufgabe eines Verschlusses, um gepökelten Fisch, Muscheln oder Krabben zu konservieren. Nachdem diese Funktion erfüllt war, wurde der als ungenießbar geltende Reisdeckel weggeworfen.

Später ging man dazu über, den Reis vor dieser Verwendung mit Essig zu säuern. Das brachte zwei entscheidende Vorteile:

Zum einen wurde der eingelegte Fisch durch den Essig viel schneller zart, zum anderen blieb der Reis durch die konservierende Wirkung des Essigs genießbar. Bis heute sind aus dieser ursprünglichen Zubereitungsart unzählige Varianten entstanden. Neben der „Originalversion", marinierter Reis mit rohem Fisch, gibt es Modifikationen mit Gemüse, Ei, Fleisch und vielen anderen Zutaten.

Dieses Kapitel kann selbstverständlich nur eine kurze Anleitung bieten, die schmackhaften und gesunden Sushi-Häppchen auch auf Ihren heimischen Tisch zu bringen. Nicht umsonst ist die Ausbildung zum „Itamae" (Sushi-Meister) in den klassischen Sushi-Nationen ein mehrjähriges Unterfangen.
Der Einfachheit halber haben wir aus den vielen gebräuchlichen Darreichungsformen von Sushi

die bekanntesten und beliebtesten ausgewählt: Nigiri-Zushi und Maki-Zushi. Beide Formen sind mit etwas Übung ohne weiteres nachzumachen. Meist handelt es sich bei Nigiri-Zushi um schlichte Reisbällchen, die von einem Belag aus frischem Fisch gekrönt werden. Maki-Zushi sind gefüllte Reisrollen, welche mit Noriblättern (getrockneter, gepresster Seetang) umwickelt werden. (Übrigens: Die andere Schreibweise von Sushi in zusammengesetzten Wörtern – z. B. Maki-Zushi – ist auf der unterschiedlichen Aussprache des Wortes im Japanischen begründet.)

Drei Zutaten darf man bei Sushi nie vergessen: Soja-Sauce, Gari und Wasabi.
Kikkoman natürlich gebraute Soja-Sauce bietet mit ihren vielfältigen Aromen die ideale Würze für die meist naturbelassenen Zutaten.

Gari sind fein aufgeschnittene Ingwerscheiben, die in süßem Essig und Salz eingelegt sind. Dieser marinierte Ingwer, der in jedem Asialaden zu erhalten ist, wird zwischen den einzelnen Sushi-Happen gegessen, um Zunge und Gaumen zu erfrischen. Wasabi ist eine Gewürzzubereitung aus sehr scharfem japanischem Meerrettich. Sie wird sowohl als Pulver zum Anrühren als auch fertig in der Tube verkauft. Die hellgrüne Paste kontrastiert die leicht gewürzte Speise und verleiht dem Gericht eine erfrischende Leichtigkeit. Wasabi sollte wegen der ungewöhnlichen Schärfe jedoch mit Vorsicht und Zurückhaltung eingesetzt werden.

Nigiri-Zushi,
die belegten Reisbällchen

Nigiri-Zushi werden oft als die Urform der Sushi-Bereitung bezeichnet. Wirklich jeder, auch ein Anfänger, kann mit ein wenig Übung diese ursprüngliche Interpretation von Sushi zubereiten. Erlaubt ist beim Belegen der Reisbällchen, was gefällt. Von vegetarischen Belägen wie Tomate mit Mozzarella oder vollreifen Avocados bis hin zu marinierter oder rosa gebratener Entenbrust ist alles möglich. Die Rezeptidee Sushi bietet unendlich viele Möglichkeiten. Hier nur einige Beispiele:

ZUTATEN

ESSIGREIS:
300 g japanischer Reis oder
italienischer Mittelkornreis (kein
Parboiled- oder Langkornreis)
330 ml Wasser
5 EL Reis- oder Weinessig
1 EL Zucker
4 TL Salz

FÜR DEN FISCH-BELAG:
100 g frischer Thunfisch vom
rötlichen Teil
100 g frischer Seebarsch
100 g Matjesfilet
100 g Räucherlachs
Wasabi (japanischer grüner
Meerrettich oder herkömmlicher
geriebener Meerrettich)
2 Frühlingszwiebeln

FÜR DEN FLEISCH-BELAG:
100 g Rinderfilet
4 EL Kikkoman Soja-Sauce
(oder Soja-Sauce Süß, dann
den Zucker weglassen)
2 EL trockener Sherry
½ TL Zucker
1 kleine Scheibe fein gehackter,
frischer Ingwer
50 g Lachsschinken in Scheiben
50 g gepökelte Rinderzunge in
Scheiben
50 g Roastbeef in Scheiben,
scharfer Senf, frische Kräuter
(z. B. glattblättrige Petersilie,
Zitronenmelisse)

ZUBEREITUNGSZEIT
ca. 1 Stunde

ZUBEREITUNG

ESSIGREIS:
Den Reis in einem Sieb unter fließendem Wasser so lange waschen, bis das Wasser klar bleibt. Den Reis in dem Sieb 1 Stunde ruhen lassen. In einen Topf geben, das Wasser dazugießen, 2 Minuten ohne Deckel sprudelnd kochen lassen. Die Hitze auf kleinste Stufe herunterschalten. Den Deckel erst auflegen, wenn das Wasser nur noch sanft kocht. 15 Minuten ausquellen lassen. Den Topf von der Kochstelle nehmen und den Reis noch weitere 15 Minuten ziehen lassen. Inzwischen Essig, Zucker und Salz unter Rühren erwärmen, bis die Flüssigkeit klar ist. Auf Handwärme abkühlen lassen. Den fertigen Reis in eine große, weite Schüssel geben, die Flüssigkeit nach und nach unterrühren. Die Reiskörner sollen von der Flüssigkeit nur benetzt, nicht durchtränkt werden. Der Reis soll dabei Zimmertemperatur erreichen.

FISCH-BELAG:
Thunfisch, Seebarsch und Matjesfilet in ½ cm dicke Scheiben schneiden. Diese in Streifen von etwa 3 cm Breite und 5 cm Länge schneiden. Die Räucherlachsscheiben in 4 cm große Quadrate schneiden.

FLEISCH-BELAG:
Das Rinderfilet von Häuten, Sehnen und Fett befreien. Aus Soja-Sauce, Sherry, Zucker und Ingwer eine Marinade herstellen, in einen Gefrierbeutel füllen und das Fleisch 3 Stunden im geschlossenen Beutel ziehen lassen. Die Marinade abgießen und das Rinderfilet im Gefrierbeutel etwa 1–2 Stunden im Tiefkühlgerät fest werden lassen. So lässt es sich in hauchdünne Scheibchen schneiden. Vom Lachsschinken den Fettrand entfernen. Rinderzunge, Roastbeef und Lachsschinken in Streifen von 3 cm Breite und 5 cm Länge schneiden.

1 Pflaumengroße Reisbällchen mit den Händen formen. Die Hände ab und an befeuchten, damit der Reis nicht zu sehr klebt.
2 Der vorbereitete Belag wird auf einer Seite mit Wasabi oder Senf bestrichen. Beim Fischbelag eignet sich Wasabi, bei Fleisch der scharfe Senf.
3 Den Belag mit der bestrichenen Seite nach oben in die Hand nehmen und eines der vorbereiteten Reisbällchen darauf drücken.
4 Mit den Fingern den Belag glätten und an den Seiten in eine gleichmäßige Form drücken.
5 Legen Sie das so entstandene Nigiri-Zushi auf eine Platte oder einen Teller. Mit frischen Kräutern und geschnittenem Gemüse nach Belieben garnieren.
6 Mit Soja-Sauce, Gari und Wasabi in kleinen Schälchen servieren.

Maki-Zushi,
ein kunstvoller Hochgenuss

Als Maki-Zushi werden alle gefüllten Reisrollen bezeichnet, die mit einem Noriblatt umwickelt sind. Daher rührt auch der oft verwendete Begriff Nori-Maki-Zushi.

Die Zubereitung dieser Sushi-Form ist etwas aufwändiger, als die der auf den Seiten 114/115 beschriebenen Nigiri-Zushi. Auf den ersten Blick erscheint die Herstellung dieser kleinen Kunstwerke sehr schwierig; mit ein wenig Übung sind jedoch auch diese relativ schnell und einfach selbst gemacht.

Zur Herstellung der hier beschriebenen Hosomaki (kleine Sushi-Rollen) wird eine kleine Matte aus verflochtenen Bambusstäben (Makisu) benötigt, die in jedem Asiashop erhältlich ist.

ZUTATEN

Als Füllung verwenden wir die Zutaten, deren Vorbereitung wir bei den Nigiri-Zushi beschrieben haben (siehe Seite 114/115). Die einzige Änderung ist dabei die Schnittform der Füllungen: Für Hosomaki benötigen wir 1–2 cm starke Streifen, in die unsere Zutaten geschnitten werden müssen. Außerdem: 4–5 Noriblätter.

ZUBEREITUNG

1 Als rutschfeste Unterlage für die Bambusmatte ein sauberes, leicht angefeuchtetes Küchentuch verwenden. Ein halbiertes Seetangblatt (Nori) mit der glänzenden Seite nach unten auf die Rollmatte legen und ca. 1 Tasse Reis gleichmäßig darauf verteilen. Der Reisbelag sollte nicht höher als 1 cm sein. An den Rändern 1 cm freilassen.

2 1–2 cm starke Filetstreifen, Gemüse oder Fleisch in eine vorgedrückte Furche in der Mitte des Reises legen und nach Gusto fein mit Wasabi bestreichen.

3 Das so vorbereitete Noriblatt mit der Bambusmatte vorsichtig zu einer Rolle formen, bis die Reisfüllung rundum vom Noriblatt umschlossen wird. Beim Einrollen immer darauf achten, dass die Füllung nicht aus der Furche fällt.

Durch leichtes Drücken mit den Fingern kann man die Sushi-Rolle, die noch in der Matte ist, in eine annähernd viereckige Form bringen.

4 Die Rolle aus der Matte nehmen und mit einem leicht angefeuchteten, scharfen Messer in 6 Scheiben schneiden. Dabei sollte die Nahtstelle des Noriblattes nach unten zeigen.

ZUBEREITUNGSZEIT
ca. 1 Stunde

Vegetarisch

Pilz-Soufflé mit Steinpilz-Soja-Saucenschaum

FÜR 4 PERSONEN

FÜR DAS SOUFFLE:
600 g frische Pilz-Mischung aus
Stein-, Austern-, Shiitake-Pilzen
3 EL Olivenöl
3 EL Kikkoman Soja-Sauce
Pfeffer
300 g frischer Blattspinat
1 EL Butter
1 TL Sesamöl
1 gehackte Schalotte
½ gehackte Knoblauchzehe
1 Prise Salz
Muskat
5 Eigelb
5 EL Weißwein
150 g Enokipilze

FÜR DIE SAUCE:
30 g Butter
1 gehackte Schalotte
30 g getrocknete Steinpilze
50 ml Noilly Prat
150 g Sahne
50 g Crème fraîche
Cayennepfeffer
300 ml Kalbsfond
2 EL Kikkoman Soja-Sauce

Enokipilze haben einen hohen Gehalt an Vitamin B1 und B2. Sie sollten nicht zu lange gekocht werden, damit die spezielle Konsistenz der Pilze erhalten bleibt. Enokipilze eignen sich hervorragend für Salate, Suppen und gedämpfte Gerichte. Falls nicht im Asiashop erhältlich, durch Shiitake-Pilze oder kleine Egerlinge ersetzen.

ZUBEREITUNGSZEIT

ca. 1 Stunde

PRO PORTION

2036 kJ, 487 kcal, 14 g Eiweiß, 40 g Fett, 10 g Kohlenhydrate

ZUBEREITUNG

1 Die Pilze putzen und in Scheiben schneiden. Olivenöl erwärmen, die Pilze kurz andünsten, mit Kikkoman Soja-Sauce und Pfeffer würzen.

2 Spinat säubern, Stiele entfernen und mit Butter, Sesamöl, gehackter Schalotte und Knoblauch kurz andünsten. Mit Salz, Pfeffer und Muskat würzen, abtropfen lassen.

3 Aus gefalteter Alufolie Ränder von 5–6 cm Höhe herstellen, diese einfetten und als Ringe von 8–10 cm Durchmesser auf ein gefettetes Backblech geben. Spinat in die Ringe verteilen und die Pilze einfüllen.

4 Für die Sauce Butter in einem Topf mit den gehackten Schalotten und den getrockneten Steinpilzen anschwitzen, mit Noilly Prat ablöschen. Sahne und Crème fraîche zugeben, einkochen lassen, mit Cayennepfeffer abschmecken und passieren. Den Kalbsfond mit der Kikkoman Soja-Sauce auf ⅓ einkochen lassen.

5 Inzwischen Eigelb und Weißwein mit Salz und Pfeffer über einem Wasserbad cremig schlagen und auf die Pilz-Spinat-Masse geben.

6 Die Soufflés im vorgeheizten Ofen bei 160 °C 12 Minuten garen. Alufolie lösen, das Soufflé in die Tellermitte geben, mit der Steinpilz-Sahne-Sauce und dem Kalbsfond umgießen. Die Enokipilze kurz in etwas Butter andünsten, mit Pfeffer würzen und um das Soufflé verteilen.

Lauchtagliatelle mit Zitronen-Soja-Sauce

ZUBEREITUNGSZEIT

ca. 45 Minuten

PRO PORTION

3120 kJ, 746 kcal, 28 g Eiweiß, 12 g Fett, 125 g Kohlenhydrate

TIPP

Geben Sie ins Nudelwasser statt Salz immer 2 EL Soja-Sauce. Das gibt den Nudeln eine besondere Würze.

FÜR 4 PERSONEN

500 g Tagliatelle
Salz
3 Lauchstangen
je 25 g Sellerie- und Karotten-würfel
1 EL Butter
½ TL getrockneter Thymian
Schale von 1 Zitrone
1 EL Mehl
125 ml Brühe
5 EL Kikkoman Soja-Sauce
200 g Sahne
Pfeffer

ZUBEREITUNG

1 Tagliatelle in Salzwasser biss-fest kochen, abgießen.
2 Lauchstangen halbieren, waschen, in nudelbreite Streifen schneiden und blanchieren. Sellerie- und Karottenwürfel in der Butter anschwitzen.
3 Lauch zusammen mit dem Thymian und der Zitronenschale anschwitzen und mit Mehl be-stäuben.

4 Danach mit der Brühe und Kikkoman Soja-Sauce aufgie-ßen, Gemüsewürfel dazugeben.
5 Sahne angießen und 5 Minu-ten köcheln lassen. Mit Pfeffer abschmecken. Die Tagliatelle mit der Sauce vermischen und servieren.

Vollkornnudeln mit Soja-Ingwer-Sauce

FÜR 4 PERSONEN

20 g schwarze Pilze (Asialaden, alternativ: 100 g
Egerlinge)
400 g Vollkornnudeln
Salz
1 kg Lauch
4 große Tomaten (ca. 800 g)
4 EL Erdnussöl
2 TL frisch geriebene
Ingwerwurzel
2 Knoblauchzehen
2 TL Speisestärke
250 ml Gemüsebrühe
4 EL Kikkoman Soja-Sauce
4 EL Sherry
Pfeffer
1 Spritzer Tabasco

ZUBEREITUNGSZEIT

ca. 30 Minuten

PRO PORTION

2970 kJ, 710 kcal, 37 g Eiweiß,
16 g Fett, 96 g Kohlenhydrate

ZUBEREITUNG

1 Die Pilze 15 Minuten in lauwarmes
Wasser legen und quellen lassen.
Die Vollkornnudeln in leicht gesal-
zenem Wasser bissfest kochen.
2 Den Lauch putzen, in 3 cm lange
Stücke, dann längs in feine Streifen
schneiden. Die Tomaten kurz in
kochendes Wasser tauchen, häuten,
halbieren, entkernen und in kleine
Würfel schneiden.
3 Erdnussöl in einer großen Brat-
pfanne oder in einem Wok erhitzen.
1 Prise Salz, die Lauchstreifen, den
Ingwer und die abgetropften, halbierten Pilze hineingeben. Unter ständigem Rühren bissfest garen. Tomaten-
würfel und den gepressten Knoblauch
hinzufügen und kurz mitdünsten.
4 Das Gemüse herausnehmen. Die
Speisestärke mit der Brühe verrühren,
in die Pfanne geben und aufkochen.
Mit Kikkoman Soja-Sauce, Sherry,
Pfeffer und Tabasco abschmecken.
Erneut aufkochen und mit den
Nudeln und dem Gemüse vermischen. Nach Bedarf nochmals
abschmecken und sofort servieren.

Spaghetti mit Soja-Tomaten-Sauce

FÜR 4 PERSONEN

7 EL Kikkoman Soja-Sauce,
1 EL Öl, je 1 Zweig Rosmarin,
Salbei und Thymian, 1 Chilischote, 2 Knoblauchzehen,
1 mittelgroße Aubergine
(ca. 250 g), 50 g Butter,
5 EL Olivenöl, 600 g Tomaten,
500 g Spaghetti, Salz

ZUBEREITUNGSZEIT

ca. 20 Minuten

PRO PORTION

2895 kJ, 690 kcal, 18 g Eiweiß,
30 g Fett, 88 g Kohlenhydrate

ZUBEREITUNG

1 Nudelwasser zum Kochen
bringen, 2 EL Kikkoman Soja-
Sauce und Öl hineingeben.
Kräuter zupfen und mit Chilischote und Knoblauch klein
hacken und vermischen. Aubergine waschen und in kleine
Würfel schneiden. Butter ebenfalls würfeln.
2 Die Kräuter-Knoblauch-
Mischung mit 2 EL Olivenöl
in einem Topf anschwitzen und
nach 3–4 Minuten mit der restlichen Soja-Sauce ablöschen.
3 Die Tomaten waschen und den
Stielansatz entfernen. Grob würfeln, in den Topf zu den Kräutern
geben und auf mittlerer Flamme
dünsten. Die Nudeln kochen, bis
sie al dente sind. Nach einigen
Minuten etwas Kochwasser zur
Tomatensauce geben, damit sie
nicht zu dick wird.
4 Währenddessen in einer
beschichteten Pfanne die Auber-
ginenwürfel mit dem restlichen
Olivenöl knusprig braten, leicht
salzen und immer wieder umrühren.
5 Nudeln abgießen und sofort
auf dem Herd mit der Sauce
und der Butter mischen. Auf
Teller verteilen. Mit Auberginen-
würfeln bestreut servieren.

Blätterteigrolle mit Schnittlauch-Joghurt-Sauce

ZUBEREITUNGSZEIT

ca. 2 Stunden

PRO PORTION

3180 kJ, 760 kcal, 23 g Eiweiß,
50 g Fett, 54 g Kohlenhydrate

FÜR 4 PERSONEN

½ Kopf Wirsing
1 Zwiebel
1 Knoblauchzehe
1 rote Paprikaschote
1 Fenchel
2 EL Olivenöl
4 EL Kikkoman Soja-Sauce
2 Karotten
¼ Knollensellerie
2 Zucchini
400 g Blätterteig (tiefgekühlt)
1 Kugel Mozzarella
1 Eigelb
150 g Crème fraîche
250 g Joghurt
Salz
Pfeffer
Zucker
1 Bund Schnittlauch

ZUBEREITUNG

1 Den Wirsing in einzelne Blätter teilen, große Rippen entfernen und Blätter blanchieren. Zwiebel und Knoblauchzehe schälen und fein hacken, Paprika waschen, putzen und in dickere Streifen schneiden. Fenchel vierteln und in Streifen schneiden. Alles außer dem Wirsing in Öl und Soja-Sauce andünsten.

2 Karotten, Sellerie und Zucchini putzen, in Streifen schneiden, zum restlichen Gemüse geben und kurz mitdünsten.

3 Den Blätterteig ausrollen und mit einer Gabel einstechen. Die Wirsingblätter ausbreiten und das Gemüse darauf verteilen. Den gewürfelten Mozzarella darüber geben und den Strudel einrollen.

4 Die Enden zusammendrücken, Rolle mit verquirltem Eigelb bestreichen und im Backofen bei 220 °C anbacken, nach 10 Minuten auf 180 °C zurückschalten und in ca. 25 Minuten fertig backen.

5 Crème fraîche und Joghurt glatt rühren und mit Salz, Pfeffer und 1 Prise Zucker abschmecken. Fein geschnittenen Schnittlauch dazugeben. Blätterteigrolle und Sauce zusammen anrichten.

Vegetarisches Kokoscurry

ZUBEREITUNGSZEIT

ca. 40 Minuten

PRO PORTION

1425 kJ, 340 kcal, 15 g Eiweiß,
6 g Fett, 560 g Kohlenhydrate

FÜR 4 PERSONEN

300 g Kartoffeln
200 g Mangold
150 g Austernpilze
100 g Schalotten
100 g grüne Bohnen
2 Karotten
1 kleine Aubergine
2 Stängel Zitronengras
2 Knoblauchzehen
2 gehackte Chilischoten
3 EL gehackter Ingwer
1 EL Sonnenblumenöl
2 EL brauner Zucker
½–1 EL rote Currypaste
1 TL Kurkumapulver
60 ml Kikkoman Soja-Sauce
2 Dosen Kokosmilch
12 Stck. Babymais

ZUBEREITUNG

1 Die Kartoffeln schälen und würfeln. Die Mangoldblätter von den Stielen trennen. Die Blätter in breite Streifen, die Stiele in feine Streifen schneiden.

2 Die Austernpilze putzen und in grobe Stücke zerpflücken. Die Schalotten schälen und würfeln. Die Bohnen putzen und halbieren. Die Karotten schälen und in dünne Streifen schneiden. Die Aubergine putzen und in Würfel schneiden. Das Zitronengras in feine Ringe schneiden. Die Knoblauchzehen fein hacken.

3 Die gehackten Chilischoten mit Zitronengras, Knoblauch und Ingwer im Sonnenblumenöl anbraten.

4 Den braunen Zucker, die Currypaste und das Kurkumapulver hinzufügen und mit der Soja-Sauce ablöschen. Die Kokosmilch dazugeben und zum Kochen bringen.

5 In einer kleinen Pfanne die Austernpilze kurz anbraten. Kartoffeln, Mangoldblätter und -stiele sowie Schalotten, Bohnen, Karotten, Auberginen, Mais und Austernpilze in die Kokosmilch geben und 15 Minuten kochen. In Schälchen anrichten und servieren. Dazu passt Basmatireis.

Gemüsestrudel
mit gebratenem Tofu

ZUBEREITUNGSZEIT
ca. 1 Stunde

PRO PORTION
5208 kJ, 1240 kcal, 28 g Eiweiß,
93 g Fett, 72 g Kohlenhydrate

FÜR 4 PERSONEN

FÜR DEN STRUDEL:
400 g Blätterteig (tiefgefroren)
2 Knoblauchzehen
1 Zwiebel
20 ml Erdnussöl
400 g Julienne-Mischung (tiefgefroren, alternativ: 2 Karotten,
1 Stange Lauch und ½ Knollensellerie in Julienne schneiden),
50 g Prinzessbohnen (tiefgefroren)
2 EL Kikkoman Soja-Sauce
1 EL Kikkoman Teriyaki
1 Ei
Salz, weißer Pfeffer
1 EL gehackte Petersilie
4 EL Milch
Sesam zum Bestreuen

FÜR DEN GEBRATENEN TOFU:
250 g Tofu
Salz
weißer Pfeffer
Mehl zum Bestäuben
1 Knoblauchzehe
2 EL Worcestersauce
1 EL Kikkoman Soja-Sauce
Butterschmalz zum Anbraten

FÜR DEN SAUERRAHM:
1 EL Crème fraîche
2 EL Milch
Salz
Zucker

ZUBEREITUNG

1 Den Blätterteig ausrollen. Knoblauchzehen schälen und klein schneiden. Zwiebel schälen und in Streifen schneiden.

2 Erdnussöl erhitzen und die Julienne-Mischung, die Prinzessbohnen, die Zwiebelstreifen und den Knoblauch anschwitzen. Kikkoman Soja-Sauce und Teriyaki angießen und fast vollkommen einkochen lassen.

3 Das Gemüse zum schnelleren Auskühlen in ein anderes Gefäß geben und bereitstellen.

4 Das Ei trennen und mit dem Eiweiß den Rand des Blätterteiges ca. 2 cm breit bestreichen. Das ausgekühlte Gemüse auf der gesamten Größe der Platten verteilen und mit Salz und weißem Pfeffer würzen. Die gehackte Petersilie gleichmäßig darüber streuen und den Blätterteig vorsichtig aufrollen.

5 Das Eigelb mit der Milch verrühren und den Strudel damit bestreichen. Den Sesam darüber streuen und den Strudel im vorgeheizten Backofen bei 210 °C 6 Minuten backen. Anschließend bei 180 °C weitere 15 Minuten backen.

6 Für den gebratenen Tofu den Tofublock in 10 gleich große Scheiben schneiden, würzen und mit Mehl bestäuben.

7 Die Knoblauchzehe zerdrücken und mit Worcestersauce sowie Soja-Sauce mischen. Butterschmalz in eine Pfanne geben, aber nicht zu heiß werden lassen. Den Tofu durch die Würzmischung ziehen und die Scheiben von beiden Seiten kurz anbraten.

8 Für den Sauerrahm Crème fraîche mit der Milch glatt rühren und mit Salz und Zucker abschmecken. Den Strudel nach dem Backen kurz auskühlen lassen, portionieren und mit den Tofuscheiben und dem Sauerrahm anrichten.

Saucen & Dressings

Saucen & Dressings mit Kikkoman Soja-Sauce

FÜR 4 PERSONEN

FEINE SAUCE HOLLANDAISE:
150 g Butter, 3 Eigelb, 4 EL Weißwein, 2 EL Kikkoman Soja-Sauce, 1 EL Zitronensaft, weißer Pfeffer, 1 Prise Ingwerpulver nach Belieben

SCHARFE TOMATENSAUCE:
500 g vollreife Tomaten, 1 kleine Zwiebel, 2 Knoblauchzehen, 1–2 rote Chilischoten, 4 EL Olivenöl, 2 EL Kikkoman Soja-Sauce, ½ TL Zucker, Reisessig oder Aceto balsamico, 3 Zweige Basilikum

ZUBEREITUNG

1 Die Butter bei mittlerer Hitze schmelzen und mit einer Kelle den Schaum abschöpfen.
2 Die Eigelbe und den Weißwein in eine Metallschüssel geben und im Wasserbad mit dem Schneebesen schaumig schlagen.
3 Die Butter tropfenweise unter ständigem Schlagen dazugeben. Mit Kikkoman Soja-Sauce, Zitronensaft, Pfeffer und Ingwerpulver abschmecken. Dazu passen Spargel, Blumenkohl, Brokkoli oder Rosenkohl.
Zubereitungszeit ca. 15 Minuten

1 Die Tomaten überbrühen, häuten und in Würfel schneiden. Zwiebel und Knoblauch fein hacken.
2 Die Chilis halbieren, die Kerne entfernen und die Schoten in Streifen schneiden. Das Olivenöl erhitzen und alles darin andünsten. Tomaten hinzufügen, ebenso Kikkoman Soja-Sauce und Zucker.
3 Alles zusammen 30 Minuten kochen lassen. Mit Essig abschmecken und die in Streifen geschnittenen Basilikumblätter untermischen. Dazu passen Penne, Spaghetti oder gebratener Fisch.
Zubereitungszeit ca. 45 Minuten

PRO PORTION

2223 kJ, 531 kcal, 3 g Eiweiß, 56 g Fett, 4 g Kohlenhydrate

867 kJ, 207 kcal, 5 g Eiweiß, 13 g Fett, 16 g Kohlenhydrate

SOJA-SAUCEN-DRESSING:

1 Knoblauchzehe, 2 Eigelb,
3–4 EL Kikkoman Soja-Sauce,
1 schwach gehäufter EL Zucker,
1 TL Salz, 1–2 TL Senf, 75 ml
Apfelessig, 75 ml Instant-Brühe,
Pfeffer, 300 ml Öl

1 Den Knoblauch schälen und
zusammen mit allen anderen
Zutaten in einen Mixer geben
oder mit dem Mixstab pürieren,
bis ein homogenes Dressing entstanden ist.
Zubereitungszeit ca. 10 Minuten

Für das Dressing können Sie prima
auch Soja-Sauce Süß statt Soja-Sauce
und Zucker verwenden.

3149 kJ, 752 kcal, 6 g Eiweiß,
79 g Fett, 6 g Kohlenhydrate

SALATDRESSING THAI-STYLE:

½ Tasse Birnendicksaft, 3 EL Soja-
Sauce, 3 EL Limonen- oder Zitronensaft, 3 EL Sojaöl, 2 EL ge-
hacktes Basilikum (Thai-Basilikum
bevorzugt), 2 EL Minzeblätter,
1 TL gemahlener roter Pfeffer,
1 gepresste Knoblauchzehe

1 Alle Zutaten in einer Schüssel
vermischen und ca. 10 Minuten
ziehen lassen.
2 Dieses Dressing gibt jedem
Salat eine exotische Würze.
Zubereitungszeit ca. 20 Minuten

1915 kJ, 695 kcal, 46 g Eiweiß,
44 g Fett, 28 g Kohlenhydrate

TWO-IN-ONE-SALAD:

1 Schalotte, 3 EL Sojaöl, 2 EL
Soja-Sauce, 2 EL Weinessig, 2 EL
gehackte Petersilie, 1 gepresste
Knoblauchzehe, Pfeffer, 1 Prise
Zucker, 1 kleine Salatgurke,
1 Tomate, Feldsalat oder 1 mittlerer Kopfsalat oder Lollo Rosso

1 Schalotte fein würfeln, mit Öl,
Kikkoman Soja-Sauce, Essig,
Petersilie und Knoblauch vermischen und würzen.
2 Salatgurke waschen, halbieren und in Scheiben schneiden.
Tomate würfeln. Beides in das
Dressing geben und 30 Minuten
marinieren.
3 Salat waschen, trockenschleudern und als Nest auf einem Teller anrichten. In dieses Nest den
Tomaten-Gurken-Salat geben. Als
Garnitur eignen sich Mandelblättchen, Croûtons oder Pinienkerne.
Zubereitungszeit ca. 45 Minuten

920 kJ, 220 kcal, 7 g Eiweiß,
17 g Fett, 10 g Kohlenhydrate

Grillsaucen mit Kikkoman Soja-Sauce

FÜR 4 PERSONEN

RUCOLA-FRISCHKÄSE-PÜREE:
2 Bund Rucola, 200 g Frischkäse, 5 EL Kikkoman Soja-Sauce,
1 Knoblauchzehe, 1 EL Mohn
(oder Sonnenblumenkerne),
2 EL Olivenöl

APFEL-LAUCH-DIP:
1 Stange Lauch, 125 ml Gemüsebrühe, 5 EL Kikkoman Soja-
Sauce, 1 Apfel (säuerlich),
1 EL Mandelblättchen,
2 EL Crème fraîche, 1 EL Rosinen

ZUBEREITUNG

1 Einige Blätter Rucola für die
Garnitur beiseite legen, den
Rest fein schneiden. Frischkäse,
Kikkoman Soja-Sauce und
Rucola verrühren.
2 Knoblauch schälen und fein
hacken. Zusammen mit Mohn
und Olivenöl 2–3 Minuten in
einer kleinen Pfanne rösten.
3 Rucolacreme anrichten, mit
dem Knoblauch-Mohn bestreuen
und mit den Rucolablättern garnieren.
Zubereitungszeit ca. 10 Minuten

1 Das dunkelgrüne Ende der
Lauchstange entfernen. Den
Lauch längs halbieren, waschen,
in Streifen schneiden und mit
Gemüsebrühe und Soja-Sauce
10 Minuten weich dünsten.
2 Den Apfel fein würfeln, die
Mandelblättchen in einer Pfanne
ohne Fett goldbraun rösten.
3 Lauch mit der verbliebenen
Brühe und Crème fraîche im
Mixer pürieren. Mit den Rosinen
und Apfelwürfeln kurz aufkochen.
Mit Mandeln bestreut servieren.
Zubereitungszeit ca. 20 Minuten

TIPPS

Rucola-Frischkäse-Püree ist lecker zu Rind
oder Kalb, aber auch zu Gemüse oder
Fisch.

Apfel-Lauch-Dip schmeckt sehr gut zu
Schwein oder Wild sowie zu kräftige-
rem Gemüse oder Fisch.

PRO PORTION

1120 kJ, 270 kcal, 4 g Eiweiß,
25 g Fett, 4 g Kohlenhydrate

440 kJ, 105 kcal, 4 g Eiweiß,
6 g Fett, 9 g Kohlenhydrate

ERDNUSSCREME MIT SELLERIE:
1 EL Erdnüsse, 200 g Knollensellerie, 125 ml Gemüsebrühe,
5 EL Kikkoman Soja-Sauce,
100 g Erdnussbutter, Muskat,
Pfeffer

1 Erdnüsse grob hacken, Sellerie schälen, würfeln und mit der
Brühe in einem kleinen Topf
12–15 Minuten weich dünsten.
2 Kikkoman Soja-Sauce und
Erdnussbutter mit dem Sellerie in
einem Mörser pürieren, mit Muskat und Pfeffer abschmecken und
mit Erdnüssen bestreut servieren.
Zubereitungszeit ca. 25 Minuten

Erdnusscreme passt am besten zu Zutaten, die einen kräftigen Eigengeschmack
haben, z. B. Fenchel oder Lamm.

970 kJ, 230 kcal, 11 g Eiweiß,
18 g Fett, 7 g Kohlenhydrate

SCHARFE SENF-DILL-SAUCE:
6 EL mittelscharfer Senf,
4 EL Honig, 3 EL Kikkoman
Soja-Sauce, 1–2 EL frischer,
gehackter Dill, 1 Prise Zucker

1 Für die Sauce den Senf mit
Honig, Kikkoman Soja-Sauce,
Dill und Zucker verrühren.
Zubereitungszeit ca. 5 Minuten

Senf-Dill-Sauce passt besonders gut zu
gegrilltem und gebratenem Fischfilet,
Meeresfrüchten sowie zu Graved Lachs.

330 kJ, 80 kcal, 3 g Eiweiß,
2 g Fett, 13 g Kohlenhydrate

TOMATEN-BOHNEN-CREME:
200 g weiße Bohnen (gekocht),
5 EL Kikkoman Soja-Sauce, 2 EL
Olivenöl, 1 EL Weißweinessig,
2 Tomaten, 1 Bund Basilikum,
Pfeffer

1 Bohnen abtropfen lassen,
⅔ davon mit Kikkoman Soja-
Sauce, Öl und Essig in einem
Mixer pürieren. Tomaten vierteln,
Kerne und Stielansatz mit einem
kleinen Messer entfernen, Toma-
tenfleisch in Würfel schneiden.
2 Basilikum zerzupfen. Bohnencreme mit den ganzen Bohnen-
kernen, Tomatenwürfeln und Basilikum mischen und etwas pfeffern.
Zubereitungszeit ca. 10 Minuten

Bohnencreme mit Tomaten und Basilikum
schmeckt sehr gut zu Scampi, Seefischen
und hellen Fleischsorten.

590 kJ, 140 kcal, 7 g Eiweiß,
7 g Fett, 11 g Kohlenhydrate

Fonduesaucen mit Kikkoman Soja-Sauce

FÜR 4 PERSONEN

HONIG-SENF-SAUCE:
2 EL Senfkörner, 5 EL Kikkoman Soja-Sauce, 1 Frühlingszwiebel, ½ Zitrone, 1 Chilischote, 2 EL Honig, 100 g Joghurt

TEUFELSSAUCE:
1 hart gekochtes Ei, 1 Zwiebel, 2 EL Speiseöl, 5 EL Kikkoman Soja-Sauce, 2 EL Crème fraîche, 1 Apfel, einige Tropfen Tabasco, 5 EL Tomatenketchup

ZUBEREITUNG

1 Senfkörner im Mörser grob zerquetschen, dann in Kikkoman Soja-Sauce einweichen. Die Frühlingszwiebel in feine Ringe schneiden.
2 Die Schale von ½ Zitrone abreiben, den Saft auspressen. Chilischote längs halbieren, entkernen und fein hacken.
3 Honig und Joghurt mit den vorbereiteten Zutaten verrühren und anrichten.
Zubereitungszeit ca. 10 Minuten

1 Für die Sauce das Ei pellen. Die Zwiebel schälen, vierteln, dann in Scheiben schneiden und in Öl andünsten. Mit Soja-Sauce ablöschen.
2 Ei, Zwiebel-Soja-Sud und Crème fraîche pürieren. Apfel schälen, in kleine Würfel schneiden und dazugeben. Mit Tabasco und Ketchup pikant-scharf abschmecken.
Zubereitungszeit ca. 20 Minuten

TIPPS

Honig-Senf-Sauce schmeckt am besten zu Lamm oder Schwein, aber auch zu Gemüse.

Teufelssauce passt gut zu gegrillten Fleisch- und Meeresfrüchtespießchen sowie zu Geflügel.

PRO PORTION

2130 kJ, 510 kcal, 22 g Eiweiß, 17 g Fett, 65 g Kohlenhydrate

440 kJ, 105 kcal, 5 g Eiweiß, 5 g Fett, 10 g Kohlenhydrate

GUACAMOLE:

1 reife Avocado, ½ rote Chilischote, 3 EL Zitronensaft, 100 g
Crème fraîche, 1 Knoblauchzehe,
1 Tomate, 3 TL Kikkoman Soja-
Sauce, 1 Prise Zucker, Pfeffer

1 Avocado halbieren, entstei-
nen, schälen und in Stücke
schneiden. Chilischote halbieren,
entkernen und waschen. Beides
mit Zitronensaft und Crème fraîche
zu einer glatten Masse pürieren.
2 Knoblauchzehe abziehen, zerdrücken und hinzufügen. Tomate
waschen, halbieren, entkernen
und in feine Würfel schneiden.
Zu der Avocadocreme geben
und mit Kikkoman Soja-Sauce,
Zucker und Pfeffer abschmecken.
Zubereitungszeit ca. 15 Minuten

Guacamole ist besonders lecker zu
gegrilltem und kurz gebratenem Fleisch
sowie zu mexikanischen Spezialitäten.

970 kJ, 230 kcal, 3 g Eiweiß,
22 g Fett, 6 g Kohlenhydrate

KARTOFFEL-KNOBLAUCH-CREME:

4 Knoblauchzehen, 300 g
Kartoffeln (groß und mehlig),
200 g saure Sahne, 5 EL
Kikkoman Soja-Sauce, Pfeffer,
Majoran

1 Knoblauchzehen schälen und
vierteln. Die ungeschälten Kartoffeln waschen und mit einem
spitzen Messer Löcher hinein-
bohren. Knoblauchzehen in die
Löcher stecken und die Kartoffeln
in Alufolie wickeln. Im Ofen bei
200 °C ca. 40 Minuten garen.
2 Kartoffeln halbieren und mit
einem Löffel aushöhlen. Die
Kartoffelmasse zerdrücken und
mit der sauren Sahne und der
Soja-Sauce vermengen. Mit
den Gewürzen abschmecken.
Zubereitungszeit ca. 50 Minuten

Kartoffel-Knoblauch-Creme schmeckt
zu allem, was man ins Fondue tauchen
kann.

955 kJ, 230 kcal, 5 g Eiweiß,
16 g Fett, 15 g Kohlenhydrate

ZITRONEN-KRABBEN-DIP:

125 g Krabben (abgetropft),
1 Zitrone, 1 EL Sesamöl,
1 EL brauner Zucker,
5 EL Kikkoman Soja-Sauce,
Cayennepfeffer

1 Krabben fein hacken, Zitrone
auspressen. Einen kleinen Topf
mit dem Sesamöl erhitzen.
Braunen Zucker und Krabben
kurz anschwitzen, dann mit dem
Zitronensaft ablöschen.
2 Kikkoman Soja-Sauce dazugeben, aufkochen und mit
Cayennepfeffer abschmecken.
Zubereitungszeit ca. 10 Minuten

Zitronen-Krabben-Dip schmeckt vor
allem lecker zu Gemüse, auch zu zarten
Fischen.

480 kJ, 115 kcal, 8 g Eiweiß,
5 g Fett, 8 g Kohlenhydrate

Register